MÉMOIRE

ET

OBSERVATIONS

Sur la réunion immédiate de la Plaie après l'amputation circulaire des Membres dans leur continuité, et spécialement après l'amputation de la cuisse; lus à la Classe des Sciences physiques et mathématiques de l'Institut, le 21 mars 1814.

PAR M. PHILIB.-JOS. ROUX,

Chirurgien en second de l'Hôpital de la Charité; Professeur d'Anatomie, de Physiologie et de Chirurgie; Membre-adjoint de la Société de la Faculté de médecine de Paris; de la Société médicale d'émulation, et de plusieurs Sociétés savantes, nationales et étrangères, etc.;

SUIVIS

Du Rapport fait à l'Institut par MM. PERCY et DESCHAMPS, dans la séance du 25 juillet 1814;

ET D'UNE OBSERVATION

Sur un Strabisme divergent de l'œil droit, guéri sur un Sujet adulte, qui en était affecté depuis son enfance.

A PARIS,

Chez MÉQUIGNON-MARVIS, Libraire, rue de l'École de Médecine, n° 9, vis-à-vis la rue Hautefeuille.

1814.

DE L'IMPRIMERIE DE CRAPELET.

AVANT-PROPOS.

J'AVAIS composé le Mémoire suivant à l'époque où, par les événemens de la guerre, les praticiens de la capitale étaient appelés à secourir des militaires blessés, et pouvaient avoir à faire beaucoup d'amputations des membres. Le but que je me proposais n'a pas été tout-à-fait rempli, les circonstances n'ayant pas permis que mon travail fût rendu public, autrement que par la communication que j'en avais donnée à la Classe des Sciences physiques et mathématiques de l'Institut. En paraissant aujourd'hui, il n'a perdu que l'utilité du moment : la pratique ordinaire de la chirurgie ne fournit encore, malheureusement, qu'un trop grand nombre d'occasions de mettre à exécution une méthode sur laquelle ce Mémoire présente des développemens, et renferme des faits qu'on ne trouve dans aucun ouvrage de l'art.

J'ai cru devoir placer à la suite de ce Mémoire le rapport qui en a été fait à l'Institut par MM. Deschamps et Percy, rapport qui est lui-même un beau travail sur la même matière, et dans lequel je ne trouve à reprendre que les éloges trop flatteurs qui m'y sont accordés.

Le tout est suivi de la relation d'un fait déjà rapporté dans le nº d'avril du *Recueil périodique de la Société de Médecine de Paris*, mais qui, en raison de son importance, ne saurait avoir une trop grande publicité. Ce cas très-curieux m'a donné occasion de réfléchir sur le strabisme, ou la vue louche, plus que je ne l'avais fait jusqu'à présent: vraisemblablement je serai bientôt à même de faire connaître de nouvelles observations sur cet objet.

MÉMOIRE ET OBSERVATIONS

Sur la Réunion immédiate de la Plaie après l'amputation circulaire des Membres dans leur continuité, et spécialement après l'amputation de la cuisse.

I.

UNIQUE et trop cruelle ressource de la chirurgie dans un grand nombre de circonstances, l'amputation des membres se pratique, ou dans la continuité de ceux-ci, ou dans leurs articulations; et l'amputation dans la continuité peut être faite de deux manières principales, dont l'une, appelée *méthode circulaire*, parce que les parties molles du membre sont divisées perpendiculairement à l'axe de l'os ou des os qu'elles environnent, est assez généralement préférée à la seconde, qu'on nomme *amputation à lambeaux.*

Après une amputation circulaire, et notamment après l'amputation de la cuisse, qui est, je crois, celle qu'on pratique le plus souvent, et celle aussi qui doit être faite avec le plus de précautions, si l'on veut éviter la saillie de l'os et la conicité du moignon, il reste une énorme plaie. Supposé que toutes les règles de l'opérade temps très-court. La forme de la plaie, son étendue considérable, la multiplicité des parties très-différentes entre elles par leur structure et leur vitalité, qui ont été intéressées, et qu'il s'agit de mettre en contact les unes avec les autres ; enfin, la présence des ligatures par lesquelles il a fallu suspendre l'effusion du sang, et qu'il faut laisser en place jusqu'à l'entière oblitération des vaisseaux, sont autant d'obstacles à ce que la consolidation du moignon soit aussi prompte qu'on pourrait le désirer. La forme de la plaie ne permet pas que près de l'extrémité tronquée de l'os, des chairs soient mises dans un contact tout-à-fait immédiat. Parce que cette plaie est très-étendue, l'irritation est trop considérable pour qu'il s'en suive seulement l'inflammation nécessaire pour l'adhésion. Comme elle comprend nombre de parties différentes les unes des autres par leur organisation et par leur mode de vitalité, la suppuration s'y établit facilement, ces parties dissimilaires n'étant pas susceptibles d'éprouver toutes ensemble et durant le même laps de temps, l'inflammation simplement adhésive. Les ligatures qu'il a fallu placer en assez grand nombre, sont des corps étrangers qui ajoutent à l'irritation inséparable d'une solution de continuité aussi étendue, et qui, laissées entre les surfaces dont on a opéré le rapprochement, rompent l'exacte apposition des parties divisées, et provoquent la suppuration. C'est, en général, une fâcheuse nécessité que celle où l'on est de lier des vaisseaux et de placer des ligatures à la surface, ou sur les bords d'une plaie qu'on doit réunir par première intention : nul doute que s'il y avait moyen d'y échapper, on obtiendrait plus souvent des réunions primitives sans suppuration. Ainsi, dans la méthode de traiter la plaie après l'amputation d'un membre, dont je cherche à bien fixer le caractère, la réunion opérée par l'art est immédiate ou par première intention : mais si l'on considère le procédé par lequel la nature consolide cette plaie, c'est une adhésion, une conglutination, vraisemblablement sans substance intermédiaire, mais précédée de suppuration, et telle qu'on en observe souvent, soit dans la formation d'adhérences contre nature, à l'intérieur ou à l'extérieur du corps, soit dans la guérison de beaucoup de plaies.

Qu'il me soit permis de faire à cette occasion une remarque. Il y a, dans la thérapeutique et la guérison des plaies, trois choses fort distinctes l'une de l'autre, qui présentent chacune des variétés : ce sont 1°. l'indication que l'art prescrit et les moyens mis en usage pour la remplir ; 2°. le mode visible de travail par lequel la nature rétablit la continuité des parties divisées, mode de travail en grande partie subordonné à la nature des moyens dont l'art a fait choix ; 3°. enfin l'état apparent aussi de ces mêmes parties après leur consolidation. Chacune de ces choses, ai-je dit, présente des variétés : ainsi, quant à l'indication prescrite et remplie par l'art, on réunit une plaie instantanément ; ou bien elle n'est réunie que lorsque l'inflammation s'est déjà emparée des parties divisées, ou que même la suppuration y est établie ; ou enfin on l'abandonne à elle-même : relativement au travail de la nature, c'est tantôt une adhésion sans aucune suppuration, tantôt une agglutination précédée de suppuration, et dans d'autres circonstances une véritable cicatrisation ; et pour ce qui regarde l'état physique des parties consolidées, cette consolidation s'est opérée ou immédiatement, ou par une substance nouvelle intermédiaire. Nous manquons, dans le langage chirurgical, de mots consacrés à l'indication précise de chacune de ces différentes choses ; il n'y a, pour les spécifier, que deux expressions, ou que deux formules opposées l'une à l'autre, dont l'usage est une source d'équivoques ; ce sont ces mots : *Réunion immédiate, primitive ou par première intention ; réunion médiate, secondaire ou par seconde intention.*

Je reviens à mon objet principal ; il est donc inévitable qu'après l'amputation d'un membre, la plaie réunie par première intention suppure. Cette suppuration, toujours peu abondante et de courte durée, en comparaison de celle qui a lieu quand la plaie guérit par cicatrisation, ne peut pas être présentée comme un inconvénient réel de la réunion immédiate ; seulement on peut dire que cette réunion n'a pas, sous le rapport d'une prompte guérison de la plaie, tout l'avantage qu'on pourrait désirer. Est-il vrai qu'elle dispose à une hémorrhagie consécutive, et que, lorsque cet accident vient à se manifester, il peut être méconnu et devenir plus funeste que dans toute autre circonstance, parce que la plaie étant exactement réunie à l'extérieur, le sang ne trouve pas d'issue au-dehors, s'amasse dans l'excavation du moignon, s'infiltre dans les intestins des muscles, et y produit un grand désordre ? J'ai déjà fait la réunion immédiate après douze amputations de la cuisse : une fois seulement il y a eu hémorrhagie consécutive ; cette hémorrhagie a eu lieu le jour même, et dans les premières heures qui ont suivi l'opération ; on en a été averti presque au moment même où elle s'est manifestée, et, à la levée de l'appareil, je n'ai pas vu qu'il y eût plus de sang épanché et coagulé dans l'extérieur de la plaie, que si celle-ci n'ayant pas été réunie, le même accident avait eu lieu. Le sang provenait d'une artériole assez considérable qui n'avait pas été liée dans le moment de l'opération.

Si donc je m'en rapporte à ma propre expérience, on n'a pas plus à redouter une hémorrhagie après la réunion immédiate de la plaie qui succède à l'amputation d'un membre, que lorsque cette plaie n'a pas été réunie ; et supposé que cet accident ait lieu, on peut y remédier aussitôt et aussi facilement que lorsqu'il survient dans cette dernière circonstance.

Je n'ignore pas qu'on a avancé des faits contradictoires à ceux sur lesquels j'appuie mon sentiment, et ces faits partent de sources trop pures pour que j'en conteste la vérité : mais aussi le procédé que quelques praticiens mettent en usage pour opérer la réunion de la plaie, diffère essentiellement sous beaucoup de rapports, de celui que j'emploie. Est-ce à cette différence dans les moyens qu'il faut attribuer celle des résultats ? Voici les règles auxquelles je me suis arrêté.

II.

Soit, par exemple, une amputation de la cuisse après laquelle on se propose de réunir la plaie par première intention : un premier soin qu'il faut avoir, c'est de ne pas disséquer les tégumens dans une grande étendue après en avoir fait la section circulaire ; car dans cette réunion projetée, la peau ne doit pas être mise en contact par sa surface interne avec tous les points de la surface du moignon ; il serait plus nuisible qu'utile pour le but qu'on se propose, qu'elle dépassât trop les muscles superficiels ; mieux vaudrait plutôt éprouver un peu de difficulté à rapprocher les deux moitiés de son bord circulaire. Aussi me contentai-je toujours, après avoir fait tirer les tégumens vers la partie supérieure du membre, et après les avoir divisés, de couper légèrement les brides celluleuses qui les unissent à l'aponévrose ; et maintes fois ai-je été tenté de faire d'un seul trait ou en un seul temps, la section de la peau et des muscles superficiels, comme dans le procédé de Louis.

2°. On ne doit pas se borner à couper séparément les muscles superficiels et les muscles profonds, et ceux-ci au-dessus des premiers : il faut détacher de l'os, dans une certaine étendue, les chairs qui adhèrent à sa surface, avoir soin surtout de diviser l'aponévrose épaisse qui fixe les muscles adducteurs à la ligne âpre du fémur : il faut, en un mot, cerner l'os dans toute sa circonférence. C'est observer un précepte encore négligé par trop de chirurgiens, et que dès longtemps avait donné Celse, lorsque décrivant l'amputation avec toute la précision de son style laconique, et après avoir dit : *Inter sanam vitiatamque partem incidenda scalpello caro usque ad os, reducenda ab eo sana caro,* il ajoute, *et circa os subsecanda est ut eâ quoque parte aliquid ossis nudetur.*

3°. Le membre étant séparé du corps, il faut apporter une attention scrupuleuse à lier jusqu'aux plus petites artères d'où l'on voit le sang couler ; et comme assez souvent dans le cours d'une opération telle que l'amputation d'un membre, la circulation devient un peu languissante, en même temps qu'un spasme plus ou moins grand s'empare des orifices des vaisseaux divisés, il faut tarder quelques instans à réunir la plaie, et avant de procéder à cette réunion, être certain, autant que possible, qu'aucune artériole un peu considérable ne donnera du sang après l'application de l'appareil.

4°. La plaie, par sa forme, se prêterait à être réunie en différens sens. Mais ne faut-il pas se prémunir contre un épanchement de sang dans la cavité du moignon, en cas qu'il survînt une hémorrhagie consécutivement à l'application de l'appareil ? Ne faut-il pas aviser au moyen de faciliter l'écoulement du pus qui doit se former dans l'intérieur de la plaie, si peu abondante que la suppuration puisse être ? Or, comme pendant tout le temps nécessaire à la guérison de la plaie, le moignon doit reposer sur la face postérieure du membre et sur un plan horizontal, la réunion de la plaie doit être faite d'un côté à l'autre de l'extrémité du moignon, et de telle manière conséquemment, que des deux angles de cette plaie, l'un soit supérieur, et l'autre inférieur. Il serait superflu de justifier plus amplement ce précepte : aucune raison, ce me semble, ne peut engager à rapprocher les parties molles d'avant en arrière, et à donner à la plaie une direction transversale.

5°. En quelque nombre que soient les ligatures, et à quelque distance que quelques-unes puissent être de l'angle inférieur de la plaie, c'est vers cet angle qu'elles doivent être toutes rassemblées : elles servent de filtre à la sérosité sanguinolente qui suinte du fond de la plaie dans les premiers temps de l'opération, et au pus qui en découle par la suite. J'ai voulu quelquefois les partager entre les deux angles de la plaie, ou même en faire sortir quelques-unes par d'autres points dont elles étaient très-voisines : j'y ai renoncé.

6°. Pour assurer la coaptation des deux côtés de la plaie, de longues bandelettes d'emplâtre agglutinatif suffisent : des points de suture augmenteraient l'irritation du moignon, et sa disposition toujours trop grande à suppurer. On ne pourrait pas appliquer un bandage unissant sans exercer une compression permanente sur toute la longueur du moignon, et cette compression doit être soigneusement évitée. Il semble qu'elle conviendrait pour affermir les chairs, et surtout pour modérer la tendance des muscles à une rétraction consécutive : mais cette dernière précaution est inutile si l'amputation a été pratiquée de manière à conserver aux muscles une longueur considérable relativement à l'os. Cette compression de tout le moignon a d'ailleurs un inconvénient réel ; elle dispose à une hémorrhagie consécutive, par une sorte de refoulement du sang des petits vaisseaux de la circonférence du moignon vers ceux du centre. Je tiens à ce que, de quelque manière qu'on entreprenne la guérison de la plaie après l'amputation d'un membre, et surtout quand on fait la réunion immédiate, le moignon ne soit couvert que d'un appareil défensif.

7°. Mais les bandelettes agglutinatives n'agissent immédiatement que sur la peau : cependant il importe que la plaie soit réunie dans toute sa profondeur, que la cavité du moignon soit effacée. Cette exacte coaptation des deux moitiés de la plaie, a le double avantage de prévenir l'effusion du sang par les orifices des petits vaisseaux, dont on n'a pas pu faire la ligature, et de mettre les parties divisées dans les conditions les plus favorables pour une prompte adhésion. On remplit ce but en plaçant sous les bandelettes agglutinatives des deux côtés de la plaie et parallèlement à sa longueur, deux tampons ou cylindres allongés de charpie, au moyen desquels l'extrémité du moignon est soumise à une double compression latérale, et légèrement applatie d'un côté à l'autre. Ces deux tampons qui, ainsi que les emplâtres agglutinatifs, doivent être laissés pendant tout le temps nécessaire à la guérison de la plaie, ou tout au moins jusqu'à ce que le trajet des ligatures soit oblitéré, et qu'il n'y ait plus en suppuration; que la plaie superficielle interceptée par les deux bords de la peau, ces tampons, dis-je, font ici l'office des compresses graduées dans le bandage unissant des plaies longitudinales.

8°. Un dernier soin à avoir en réunissant la plaie après l'amputation de la cuisse, c'est de laisser libre l'angle inférieur de cette plaie. Il est clair que voulût-on la réunir aussi exactement vers ce point que dans le reste de son étendue, on ne le pourrait pas, puisque là sont placées toutes les ligatures. Je veux donc dire qu'il faut laisser libre l'angle inférieur de la plaie, dans un espace plus grand que celui qui serait strictement nécessaire pour le passage des ligatures, afin que s'il survenait une hémorrhagie consécutivement à l'opération, le sang pût facilement traverser l'appareil; afin encore que plus tard, le pus qui doit se former dans l'intérieur de la plaie, trouvât une voie libre pour s'écouler au-dehors.

IV.

Ainsi dans l'opération même, ne pas conserver trop de tégumens, et pour cela les disséquer à peine, après en avoir fait la section circulaire; s'attacher au contraire à conserver aux muscles une très-grande longueur relativement au fémur, et dans cette vue ne point omettre de cerner l'os pour détacher les muscles profonds et pouvoir les couper au-dessus du lieu où ceux-ci ont été préalablement divisés : après l'opération, multiplier les ligatures plus que si la plaie devait être remplie de charpie, sans qu'il soit pourtant nécessaire de porter ce soin jusqu'à la minutie ; rapprocher les chairs du moignon en-deçà de l'extrémité tronquée de l'os, et d'un côté à l'autre, de manière à avoir une plaie verticale ou dirigée de devant en arrière ; placer tous les fils des ligatures dans l'angle déclive de cette plaie ; n'appliquer les bandelettes d'emplâtre agglutinatif, destinées à assujettir dans un contact mutuel les différentes parties molles du moignon, qu'après avoir placé sur les deux côtés de la plaie deux tampons allongés de charpie, qui font l'office de compresses graduées, et assurent la réunion du fond même de cette plaie ; mais en laisser libre l'angle inférieur où sont placées toutes les ligatures, c'est-à-dire ne point la réunir du côté de cet angle dans l'étendue d'un pouce environ ; et après avoir couvert la plaie de plumaceaux enduits de cérat, et de gâteaux plus épais de charpie sèche, assujettir le tout par une simple capeline, se gardant bien d'exercer aucune compression, ni sur la longueur du moignon, ni sur son extrémité : telles sont les précautions qui doivent être observées lorsqu'on entreprend de réunir par première intention la plaie qui succède à l'amputation circulaire de la cuisse ; telles sont du moins celles auxquelles je me suis arrêté, et dont l'expérience m'a fait connaître les avantages. Je n'ajoute pas que pendant toute la durée du traitement, le moignon doit être tenu dans une situation horizontale, et qu'après la levée du premier appareil, laquelle consiste seulement à enlever tout ce qui recouvre les emplâtres agglutinatifs, sans toucher à ceux-ci autrement que pour renouveler ou réappliquer ceux qui pourraient être relâchés, on doit faire choix d'un appareil défensif composé de simples compresses longuettes, appareil qui permet de faire chaque pansement sans soulever le moignon : ce sont des précautions qu'il faut également prendre après l'amputation de la cuisse, soit qu'on ait fait la réunion immédiate de la plaie, soit que cette plaie doive guérir par cicatrisation.

V.

Pour rendre plus frappans les avantages de la réunion immédiate, je rappellerai en peu de mots ce qui arrive lorsqu'on suit l'autre méthode de traitement, c'est-à-dire, lorsque la plaie qui résulte de l'amputation circulaire de la cuisse est entièrement, ou presque entièrement abandonnée à elle-même, lorsque l'art ne fait rien ou presque rien pour hâter sa guérison, et se borne à seconder les efforts curatifs de la nature. Incontinent après l'opération, cette plaie est remplie de charpie, que l'on soutient par un appareil défensif : quelques chirurgies appliquent sur toute la longueur du moignon, un bandage légèrement compressif qu'ils destinent à soutenir les chairs, et à prévenir une rétraction trop considérable des muscles. Quoi qu'il en soit, on ne touche à cet appareil qu'après quatre ou cinq jours, pendant lesquels il est ordinaire que les muscles éprouvent dans le moignon une douleur pulsative et de légers soubresauts. Lorsqu'on panse la plaie pour la première fois, elle n'est point encore en pleine suppuration : toujours une partie de la charpie dont elle a été remplie y adhère, et ne s'en détache que dans les jours suivans. Le moignon est, jusqu'à un certaine hauteur, et quelquefois même dans toute son étendue un peu tuméfié, tendu et douloureux : il est douloureux surtout quand on lui imprime quelques mouvemens; c'est ce qui fait que jusqu'à ce que la suppuration soit parfaitement établie, et que déjà même elle soit un peu moins abondante, les pansemens journaliers de la plaie ne peuvent presque jamais être faits sans qu'on arrache aux malades quelques plaintes. Toutefois, qu'aucun accident, qu'aucune circonstance extraordinaire, ne vienne compliquer les suites de l'opération, bientôt la suppuration est de bonne qualité, la plaie devient vermeille, et se couvre sur tous les points de sa surface de bourgeons celluleux : bientôt aussi l'extrémité de l'os, que dépassaient d'ailleurs les muscles profonds du membre, et plus encore les muscles superficiels et les tégumens, cesse d'être apparente, cachée en partie par les bourgeons celluleux des parties molles circonvoisines, en partie par le boursouflement de la membrane médullaire. Il est très-rare qu'il y ait une exfoliation sensible de cette extrémité de l'os. En même temps les bords de la plaie s'affaissent, le fond s'élève : elle devient ainsi moins étendue et moins profonde. Jamais les tégumens ne suffisent pour la recouvrir en totalité, ou il faudrait qu'ils eussent été disséqués dans une grande étendue au moment de l'opération. Après donc que la peau s'est rapprochée du centre de la plaie, la cicatrice proprement dite commence à se faire : mais avec quelque promptitude que la nature procède, et quelques moyens que l'art emploie pour l'accélérer, la cicatrisation n'est terminée, et la plaie n'est entièrement consolidée que deux mois et demi au plus tôt après l'opération ; et dans beaucoup de cas, la guérison se fait attendre trois mois, trois mois et demi, et plus encore.

A-t-on, au contraire, tenté la réunion immédiate de la plaie, toutes les parties divisées, à l'exception de la peau, n'étant en contact qu'avec elles-mêmes, et se trouvant ainsi soustraites à toute cause nouvelle d'irritation, celle-ci est aussi peu considérable qu'elle puisse être : aussi les malades n'éprouvent-ils dans la plaie, consécutivement à l'opération, qu'une douleur fort légère. L'engorgement inflammatoire du moignon est pour l'ordinaire bien moins considérable que lorsque la plaie a été remplie de charpie, et j'ai vu des cas dans lesquels le moignon était à peine un peu plus rénitent, un peu moins souple que ne l'était le membre avant l'opération. La suppuration est peu abondante ; elle le serait moins encore, si, comme je l'ai déjà dit, il était possible que la plaie ne fût pas traversée par des ligatures. Qui pourrait douter que les malades sont moins exposés à éprouver des accidens graves, que lorsque la plaie n'ayant pas été réunie, il survient dans le moignon une inflammation considérable, et que cette même plaie fournit pendant long-temps une suppuration abondante ? N'est-il pas surtout de la dernière évidence, que sans être moins accessibles aux écarts dans le régime, aux vives affections de l'âme, qui, si souvent intervestissent la marche des grandes plaies, ceux-là, chez lesquels après l'amputation d'un membre on a réuni la plaie immédiatement, doivent ressentir moins vivement l'influence de ces causes, et y sont exposés pendant moins long-temps, puisque chez eux le travail inflammatoire qui précède la suppuration est très-modéré ; puisque cette suppuration n'est jamais très-abondante ; puisqu'elle doit être promptement tarie ; puisque, pour tout dire en un mot, la plaie, par la manière dont on en a entrepris le traitement, a été amenée aux conditions les plus simples, et qu'ainsi elle doit moins et moins long-temps participer aux troubles physiques et moraux qui peuvent être suscités dans l'économie, comme elle-même exerce une influence moindre et moins durable sur l'organisation.

On croira sans peine, je pense, que même dans les premiers temps de l'existence de la plaie, et à bien plus forte raison quand déjà les pansemens ont été réitérés un certain nombre de fois, ces pansemens sont très-simples et peuvent être faits sans que les malades ressentent presqu'aucune douleur.

Par la réunion immédiate de la plaie après l'amputation d'un membre, on hâte singulièrement la guérison du malade : c'est là l'avantage qu'ont eu principalement en vue tous ceux qui ont préconisé cette méthode ; c'est le plus évident, en effet ; c'est celui qu'on peut le moins contester. Chez aucun des individus, un assez grand nombre déjà, sur lesquels j'ai fait cette réunion immédiate après l'amputation de la cuisse, la guérison ne s'est fait attendre au-delà du trente-cinquième jour : mais il est assez remarquable que ce soit là le jour fixe où la réunion ait été parfaite sur la moitié à peu près de ceux qui ont survécu à l'opération après l'emploi de cette méthode de traitement.

Indiquerai-je des avantages, moins grands

sans doute, mais non moins réels, attachés à la réunion immédiate de la plaie après l'amputation de la cuisse? Il n'y a pas jusqu'à la forme du moignon qui n'ait quelque chose de moins répugnant, je dirais presque de plus gracieux, s'il était permis de qualifier ainsi ce reste informe d'un de nos membres. Les légères saillies que la peau formait aux angles de la plaie s'affaissent à mesure que cette plaie presque linéaire se cicatrise; et par un effet nécessaire de cet affaissement, la cicatrice se réduit à la moitié ou aux deux tiers au plus de la longueur qu'avait la plaie au moment où les chairs du moignon ont été rapprochées et mises en contact immédiat. Cette cicatrice, si petite, est égale et polie : les tégumens qui confinent avec elle sont également tendus sur la surface du moignon; ils ne forment pas ces rides rayonnantes qu'il est ordinaire qu'on remarque autour de la cicatrice, quand celle-ci s'est formée lentement de la circonférence au centre de la plaie; encore moins voit-on cette rainure profonde que présentent quelques moignons en arrière de la cicatrice, et dont la formation est due à ce que, par un soin bien inutile, quelques chirurgiens, après avoir terminé l'amputation de la cuisse, divisent la peau du côté de la face postérieure du membre, et y font une échancrure d'un pouce ou d'un pouce et demi de profondeur.

Le moignon conformé comme je viens de le dire, lorsque la plaie a été réunie immédiatement, n'en est que plus propre à être placé commodément dans l'excavation d'un cuissard. Ne semble-t-il pas que la cicatrice très-petite qu'il présente, doit être moins facilement rompue et détruite en partie ou en totalité dans les divers accidens auxquels sont exposés les individus privés d'un membre? C'est peut-être un simple effet du hasard; mais je suis encore à voir la plaie se r'ouvrir spontanément, ou par accident, chez aucun de ceux sur lesquels j'ai fait la réunion immédiate de la plaie après l'amputation de la cuisse.

VI.

Je me hâte d'en venir à l'exposition d'une suite de faits qui, en confirmant les avantages de cette méthode, seront à la fois le fondement et la preuve de tout ce que j'ai avancé jusqu'à présent, et sans lesquels d'ailleurs il serait naturel de ne trouver, dans les considérations que je viens de présenter, que des vues, peut-être spécieuses, mais simplement théoriques et de pure spéculation.

Première Observation. Dans les derniers temps que je remplissais la place de chirurgien en second de l'hôpital Beaujon, j'amputai la cuisse à une femme jeune encore, qui, à la suite de plusieurs maladies vénériennes, dont elle paraissait bien guérie, conservait une nécrose superficielle de toute la moitié inférieure du fémur, nécrose qui entretenait un grand nombre d'ulcères fistuleux à la cuisse. Je réunis la plaie par première intention: c'était la première fois que je tentais cette méthode : elle réussit au-delà de mes espérances, si je puis dire ; car, quoique je ne fusse pas encore à cette époque instruit de toutes les précautions qui peuvent en assurer le succès, et que j'eusse négligé quelques-unes de celles dont j'ai parlé, le moignon fut parfaitement consolidé le vingt-septième jour de l'opération. C'est la guérison la plus prompte que j'aie encore obtenue sur un sujet adulte : elle est d'autant plus remarquable, que j'avais été obligé d'amputer le membre très-haut, tellement même que la femme, qui fait le sujet de cette observation, et que je rencontre encore fort souvent dans le quartier de la Cité, est réduite à marcher avec des béquilles, et n'a jamais pu faire usage d'un cuissard.

Deuxième Observation. A peu près à la même époque, je remplaçai, pendant quelques semaines, à l'hôpital des Enfans, M. Petibeau, chirurgien en chef de cet hôpital, qui éprouvait alors les premières atteintes de la longue maladie à laquelle il vient de succomber. Entre plusieurs opérations que j'y pratiquai, je fis l'amputation d'une cuisse à un jeune garçon âgé de treize ans, qui avait une tumeur blanche scrophuleuse du genou parvenue au dernier degré. Tout faisait espérer le succès de la réunion immédiate de la plaie ; la jeunesse du sujet ; le volume assez peu considérable de la cuisse, et néanmoins le bon état, c'est-à-dire la fermeté des chairs. Je ne fus pas trompé dans mon attente : aucun accident ne vint troubler le travail de la nature ; la suppuration était complétement tarie ; et la réunion de la plaie achevée le dix-neuvième jour de l'opération.

Troisième Observation. Pendant un séjour de deux mois que je fis à Valence en Espagne, il y a deux ans, auprès de monsieur le maréchal duc d'Albuféra, je fus sollicité pour donner des conseils et pour faire différentes opérations à nombre d'habitans de cette belle cité, convaincus de l'excellence de la chirurgie française, et presque satisfaits que les hasards de la guerre les missent à même d'en réclamer les bienfaits. On me fit voir un officier espagnol qui avait eu la jambe droite fracassée près du genou par une pièce de mitraille. Les deux os avaient été fracturés; et, à en juger par l'état du membre au moment où je vis le malade, le désordre avait été assez grand pour nécessiter l'amputation de la cuisse à l'instant même de la blessure. L'opération n'avait point été faite, et le blessé n'avait reçu, jusqu'à l'occupation de Valence par les Français, que des soins fort peu méthodiques. Déjà trois mois s'étaient écoulés, et la nature n'avait point encore travaillé à la consolidation des os, dont tous les fragmens étaient mobiles les uns sur les autres; ils étaient en outre dénudés et paraissaient frappés de nécrose dans une assez grande étendue. Les parties molles circonvoisines fournissaient une suppuration abondante, qui avait aussi sa source dans l'articulation du genou. Le malade était décidé à subir l'amputation de la cuisse, dont on lui avait déjà fait entrevoir l'indispensable nécessité. On me pria de la lui pratiquer. Plusieurs chirurgiens militaires français, avec lesquels je m'étais entretenu de la réunion immédiate de la plaie après l'amputation de la cuisse, et qui devaient assister à l'opération, m'exprimèrent l'envie que j'entreprisse sous leurs yeux une méthode de traitemement qu'aucun d'eux n'avait encore tentée. Je cédai d'autant plus volontiers à leur désir, que d'une part, l'état du malade commandait de chercher à éviter une suppuration très-abondante, et que d'un autre côté, bien qu'il eût beaucoup dépéri, l'amaigrissement de son membre n'était pas tel cependant, que je ne pusse espérer réussir en faisant la réunion immédiate de la plaie. Je procédai à l'opération elle-même, à la ligature des vaisseaux et à l'application de l'appareil unissant, conformément aux règles que j'ai tracées. Il n'y avait que onze jours que le malade était opéré lorsque je quittai Valence : jusque-là les suites de l'opération avaient été très-simples ; déjà même plusieurs ligatures étaient tombées. Peu de temps après mon retour à Paris, M. Delherbe, chirurgien de mérite, alors attaché à la personne de M. le maréchal duc d'Albuféra, et maintenant chirurgien-major du 9e régiment de hussards, lequel avait bien voulu continuer le traitement des différens malades que j'avais opérés à Valence, me fit connaître le sort de chacun d'eux : notre amputé avait été parfaitement guéri le trente-cinquième jour de l'opération.

J'ai peu insisté sur ces trois premiers faits, et me suis borné à les rapporter de la manière la plus succincte, parce que d'après les circonstances dans lesquelles ils se sont passés sous mes yeux, ils n'ont d'authenticité que celle que leur donne mon propre témoignage : les faits plus nombreux que j'ai à faire connaître, sont au contraire tous tirés de ma pratique à l'hôpital de la Charité : j'ai eu pour témoins de ces faits MM. Deschamps et Boyer auxquels je suis adjoint pour le service chirurgical de cet hôpital ; ils ont été vus des élèves attachés à cette maison, et de la foule de ceux qui en suivent la pratique journalière, et assistent à nos leçons de Clinique chirurgicale.

Depuis le commencement de juillet 1812, jusqu'à la fin du mois de février de cette année, conséquemment dans l'espace de vingt mois, nous avons eu à faire à l'hôpital de la Charité vingt-deux amputations. Je ne parle que des grandes amputations, des amputations dans la continuité de l'avant-bras, du bras, de la jambe et de la cuisse. Je ne comprends pas une foule d'extirpations de phalanges ou de doigts en totalité, et quelques autres extirpations ou amputations proprement dites, plus graves que ces dernières, et dont la relation pourrait offrir quelque intérêt. En toute autre circonstance, je parlerais d'une amputation partielle du pied que j'ai pratiquée suivant la méthode de Chopart, dans la double articulation de l'astragale et du calcaneum avec le scaphoïde et le cuboïde, et dont les suites ont été remarquables en ce que, bien que le lambeau unique que j'avais formé des chairs de la plante du pied, et que j'avais renversé sur les surfaces articulaires conservées, se fût réuni très-promptement avec les surfaces, la plaie superficielle et étroite, qui répondait au bord demi-circulaire de ce lambeau, a mis plusieurs mois à se cicatriser. Ce cas me fournirait l'occasion de donner une règle infaillible, qui n'a encore été indiquée par aucun chirurgien, pour pénétrer avec facilité dans l'articulation de l'astragale avec le scaphoïde, articulation très-serrée, et dont rien sur le coude-pied n'indique exactement la position, il faut se guider sur une apophyse du scaphoïde, toujours très-saillante au bord interne du pied. C'est sur une ligne transversale qui répond immédiatement derrière cette apophyse, que se trouve l'articulation dont il s'agit. Je serais certain d'y pénétrer sans y voir. Je rapporterais un fait plus intéressant encore, parce que l'opération que j'ai pratiquée n'est pas décrite dans les ouvrages de l'art, et que je ne sache pas qu'elle ait été faite ; c'est l'amputation du second os du métacarpe dans sa continuité, opération que je fis pour une carie fort étendue de l'extrémité inférieure de cet os et de la première phalange du doigt indicateur, ne voulant pas extirper ce second os du métacarpe dans son articulation. Je pus conserver une grande partie des chairs qui remplissent l'intervalle des deux premiers os du métacarpe : après avoir détaché le second du troisième, je le coupai, non pas perpendiculairement à son axe, mais obliquement de dehors en dedans et de haut en bas : le pouce fut ensuite rapproché du doigt médius ; et en quelques jours, le lambeau des parties molles qui tenait au premier os du métacarpe, fut réuni au côté externe du troisième, et à la surface qui résultait de la coupe oblique pratiquée sur le second, très-près de son articulation avec le trapézoïde (1).

(1) Depuis la composition de ce Mémoire, j'ai fait une seconde fois l'amputation du second os du métacarpe dans sa continuité, de la même manière et avec le même

Des vingt-deux amputations dont j'ai parlé en premier lieu, il y a eu douze amputations de la cuisse, sept de la jambe, deux du bras, et une seule de l'avant-bras. Celle-ci a été nécessitée par une tumeur cancéreuse développée sur le dos de la main, et le malade y a survécu. Des deux du bras, l'une a été pratiquée dans un cas de gangrène de la main et de l'avant-bras, et l'autre dans un cas de fracture comminutive de l'articulation du coude : celle-ci seulement a été couronnée de succès. Sur les sept amputations de la jambe, quatre ont été pratiquées sur des individus ayant des tumeurs blanches de l'articulation du pied parvenues à leur dernier période; deux autres ont été nécessitées par des fractures de la jambe, l'une dans les premiers momens de l'accident, l'autre après la cessation des accidens inflammatoires; la septième, enfin, était l'unique ressource de l'art dans un cas d'ostéo-sarcôme de la partie inférieure du tibia. De ces sept amputations de la jambe, deux seulement n'ont

---

succès. Je crois qu'en toute circonstance, cette amputation pourrait être substituée à l'extirpation du doigt indicateur : la difformité de la main est moins grande qu'après cette dernière opération.

pas réussi. Comme ce n'est qu'après les amputations de la cuisse que j'ai réuni la plaie par première intention, c'est à elles seules que je m'arrête spécialement.

Toutes, une seule exceptée, ont été pratiquées pour des tumeurs blanches ou lymphatiques du genou, avec carie des extrémités osseuses de cette articulation. Cela indique assez que cette maladie est des plus communes, et qu'elle est plus fréquente au genou que dans les autres articulations. J'ajouterai que rarement parvient-on à en arrêter les progrès, et qu'à peine une grande pratique fournit-elle l'occasion d'observer quelques cas dans lesquels on ne soit pas conduit à la nécessité de l'amputation du membre au-dessus de l'articulation malade. Presque tous les malades dont j'ai à parler ont été les sujets d'observations suivies sur les effets de l'emploi réitéré du moxa dans le traitement des tumeurs blanches articulaires. Si je ne craignais pas de sortir des bornes du sujet qui m'occupe, je ferais connaître le résultat de ces observations : je me bornerai à dire, qu'en général, par l'application répétée du moxa autour d'une articulation affectée de tumeur blanche, la marche de la maladie est ralentie ; les douleurs vives que le malade pouvait éprouver sont rendues plus supportables. L'articulation même ne parvient pas à un volume aussi considérable, et l'on voit plus rarement s'y former des abcès et des fistules que lorsque le moxa a été omis parmi les moyens de traitement. Ce bien réel est cependant la source d'un mal. Malgré les bons effets du moxa, le membre tombe dans l'atrophie, et la maladie, dont les progrès ont seulement été ralentis, n'en arrive pas moins à ce terme où l'amputation du membre est indiquée : mais les malades qui n'éprouvent que des douleurs modérées, et qui, parce que l'articulation n'est le siége d'aucune suppuration apparente, ont peine à concevoir la gravité de leur état, consentent difficilement à l'opération, et hésitent quelquefois assez long-temps avant de s'y soumettre.

Douze malades, ai-je dit, ont subi l'amputation de la cuisse. Sur trois la plaie n'a point été réunie par première intention : l'un de ces trois malades a succombé le neuvième jour de l'opération : c'était un jeune homme de dix-huit ans, qui avait été réduit à un état extrême d'épuisement par une suppuration abondante de la jambe et de tout le contour du genou, sans maladie à l'articulation même : sur les deux autres malades, qui étaient deux femmes, l'opération a eu des suites heureuses; mais l'une de ces deux malades, jeune femme âgée de vingt-six ans, qui est encore sous nos yeux, est en ce moment menacée de phthisie pulmonaire.

Les autres sujets, au nombre de neuf conséquemment, sur lesquels j'ai fait, à l'hôpital de la Charité seulement, la réunion immédiate de la plaie, n'ont pas tous survécu à l'opération : mais chez aucun de ceux qui ont succombé, l'événement n'a pu être attribué au moyen qui avait été mis en usage pour leur procurer une prompte guérison.

Quatrième Observation. L'un de ceux-ci, le premier que j'ai eu la douleur de perdre, est celui que j'ai dit plus haut avoir eu une hémorrhagie quelques heures seulement après l'opération, et le seul sur lequel j'aie encore observé cet accident consécutivement à la réunion immédiate de la plaie. On se rappelle que le sang provenait d'une artériole qui n'avait pas été liée au moment de l'opération : mais une circonstance particulière a sans doute contribué beaucoup à ce que l'accident eût lieu, et surtout à la force avec laquelle l'hémorrhagie se manifesta ; ce malade, qui était un homme âgé de trente-six ans, avait cru devoir exciter son courage en prenant à mon insu, immédiatement avant l'opération, une bouteille entière d'un vin généreux. Quoique j'y eusse remédié assez promptement, l'hémorrhagie fut bientôt suivie de vomissemens et d'un spasme général. Ce malheureux mourut dans la soirée du jour de l'opération, victime en grande partie de son imprudence.

Cinquième et sixième Observations. Deux autres malades ont succombé, l'un le dixième jour, et l'autre le vingt-huitième jour après l'opération : il n'y avait eu d'hémorrhagie ni chez l'un ni chez l'autre. Le premier était un homme de trente ans, chez lequel la maigreur et l'affaiblissement causés par une tumeur blanche du genou très-ancienne, étaient portés presque au plus haut degré ; nous n'avions pas été témoins des progrès de sa maladie. L'amputation laissait à peine quelque espoir de succès, lorsque décidé à la subir, le malade se confia à nos soins. Il fallut la lui pratiquer le lendemain du jour de son entrée à l'hôpital : sa mort n'a été que le dernier terme de l'épuisement. L'autre malade, que je rapproche de celui-là, était une fille de vingt-huit ans, chez laquelle, bien que la tumeur blanche du genon existât depuis deux ans et demi, il y avait tout lieu d'espérer la réussite de l'opération. Pendant les premiers jours, ces espérances parurent se confirmer : mais bientôt la malade fut prise d'une diarrhée que rien ne put modérer : dès-lors la suppuration fut abondante et le pus devint sanieux : il se manifesta dans tout le moignon un gonflement considérable accompagné de douleur : ce gonflement s'étendit jusqu'aux parties extérieures de la génération ; il se forma même dans la grande lèvre, du côté du membre amputé, un abcès dont il fallut faire l'ouverture. En même temps il survint du côté de la poitrine divers accidens qui annonçaient une inflammation sourde du poumon droit, ou de ses dépendances. J'ai dit que cette malade avait succombé le vingt-huitième jour de l'opération : à l'ouverture du cadavre, nous trouvâmes un épanchement dans le côté droit de la poitrine ; le poumon de ce côté était rempli de tubercules. Du côté du moignon, les ligatures étaient toutes tombées : il y avait réunion des parties molles entre elles, mais dans une petite étendue : le reste de la plaie présentait une teinte noirâtre : l'extrémité de l'os n'avait éprouvé aucun changement.

Septième Observation. Enfin j'ai vu périr une

autre femme après la réunion immédiate de la plaie résultante de l'amputation de la cuisse : mais ce dernier revers pourrait presque être présenté comme un succès, eu égard aux circonstances qui ont causé la mort de cette malade. Il y a à peine deux mois que ce fâcheux événement a eu lieu. Le sujet était une fille de vingt-quatre ans : animée du plus grand courage, il n'avait pas fallu la solliciter pour qu'elle se soumît à l'opération : elle-même me l'avait demandée avec instance, et m'en avait fixé le jour. Je la lui fis le 18 janvier. Au huitième jour, j'avais déjà renouvelé l'appareil trois fois, sans toucher aux bandelettes agglutinatives : déjà aussi j'avais pu retirer deux petites ligatures, et il ne coulait par l'angle inférieur de la plaie qu'une très-petite quantité de pus : le moignon était à peine sensible ; il n'y avait qu'un gonflement peu considérable : enfin on ne pouvait pas désirer un état plus satisfaisant que celui où se trouvait cette malade, à laquelle j'avais même déjà permis de prendre quelques alimens. Elle se flattait, et je me flattais également qu'elle serait plus promptement guérie qu'une autre jeune femme placée près d'elle, dont je parlerai bientôt, et sur laquelle la réunion immédiate après une amputation de cuisse avait eu le plus heureux résultat : mais le huitième jour, les parens de cette malade lui annoncèrent le retour inattendu de quelqu'un à qui son cœur était uni depuis long-temps, et dont elle se croyait séparée pour toujours ; elle sollicite et obtient sans peine une visite qui donne lieu aux épanchemens d'une joie immodérée. Dès ce moment la malade tombe dans le délire ; elle meurt le surlendemain.

Je n'ai plus à faire connaître que des succès.

Huitième Observation. Un laboureur âgé de vingt-huit ans, entra à l'hôpital le 9 juillet 1812. Il avait au genou gauche une tumeur blanche qui, selon toute apparence, reconnaissait pour cause d'anciennes douleurs vagues de rhumatisme. Cette maladie du genou datait d'un an : elle était fort avancée : il y avait amaigrissement assez considérable de la cuisse ; la jambe et le pied étaient un peu infiltrés : il était temps d'en venir à l'amputation du membre. Le malade y consentit sans trop de difficultés. Je la lui pratiquai le 20 juillet, avec l'intention de faire la réunion immédiate de la plaie. Je n'omis, soit dans l'opération même, soit dans l'application de l'appareil, aucune des précautions sur lesquelles j'ai dit que repose en partie le succès de cette méthode. Quoique le malade ait éprouvé, durant les premiers jours de l'opération, des secousses violentes dans le moignon, il n'y eut ni gonflement inflammatoire considérable, ni suppuration très-abondante. Toutes les ligatures étaient tombées le treizième jour. Leur trajet dans l'épaisseur du moignon resta sinueux jusqu'au vingt-quatrième; mais le trente-troisième la plaie extérieure était cicatrisée.

Neuvième Observation. Filleul, tisserand, âgé de trente-un ans, que son état avait obligé à séjourner habituellement dans des lieux humides, entra à l'hôpital le 19 octobre 1812. Il avait une tumeur blanche du genou gauche, qui, depuis quatre ans, avait résisté aux secours les plus méthodiques, et avait fait des progrès non interrompus. Cet homme savait déjà que sa maladie, au degré où elle était parvenue, ne comportait d'autre secours que l'amputation de la cuisse. Plusieurs chirurgiens habiles qu'il avait consultés, s'étaient réunis de sentiment pour lui conseiller cette opération : il venait à l'hôpital pour que nous la lui pratiquions, si nous la jugions également indispensable. Elle l'était en effet : outre que la maladie locale était trop avancée pour qu'on pût en espérer la guérison par ankilose, et pour qu'on pût même chercher à en ralentir les progrès, le malade avait perdu beaucoup de son embonpoint naturel; il sentait ses forces diminuer de jour en jour; il avait perdu l'appétit, et ne prenait presque pas de sommeil, tant étaient grandes, la nuit surtout, les douleurs qu'il ressentait dans le genou malade. Je fis à ce malade l'amputation de la cuisse, le surlendemain du jour de son entrée à l'hôpital, et je réunis la plaie par première intention. Quelques légers mouvemens convulsifs furent la seule incommodité principale qu'éprouva le malade pendant les premiers jours qui suivirent l'opération: la plaie ne lui causait presqu'aucune douleur : il y eut à peine de la fréquence dans le pouls.

C'était le 21 octobre que l'opération avait été pratiquée : le 26, à la levée du premier appareil, la coaptation des parties divisées était parfaite, du moins à l'extérieur ; la plaie apparente était partout linéaire, excepté vers l'angle inférieur que traversaient les ligatures. Cependant je crus devoir renouveller quelques-unes des bandelettes agglutinatives qui étaient relâchées. Le 1er novembre, une première ligature se détacha : toutes les autres étaient tombées le 5, et à cette époque, la plaie était parfaitement réunie dans sa moitié supérieure ; néanmoins il sortait, par l'angle inférieur, une assez grande quantité de pus : mais le 7, la suppuration avait déjà diminué beaucoup ; et le 10, vingtième jour de l'opération, elle était très-peu abondante : le point de la plaie par lequel avaient passé les ligatures, était le seul qui ne fût pas cicatrisé. Ce jour là, cependant, le malade se plaignit d'éprouver une douleur assez vive à la partie externe et inférieure du moignon, à un pouce environ de l'angle inférieur de la plaie. Il y avait en effet, dans cette partie, un peu de rougeur et de gonflement, et l'on y vit une ouverture très-petite par laquelle il sortit un peu de pus. Un cataplasme, qui ne devait être appliqué que sur le point douloureux, fut mal à propos étendu jusque sur la cicatrice déjà formée : cette cicatrice fut soulevée, et il se forma une phlictaine assez considérable qui contenait de la sérosité parfaitement limpide. Cependant le 16 novembre, cette cicatrice était rétablie dans son état primitif ; le gonflement survenu à la partie externe du moignon était dissipé ; et le 18, vingt-huitième jour de l'opération, la plaie était réunie dans toute son étendue. Dès le surlendemain, le malade s'est levé et a marché avec des béquilles : mais ce n'est que trois semaines après qu'il a commencé à se servir d'un membre artificiel. Il a désiré rester à l'hôpital jusqu'à ce que l'usage de ce membre lui fût devenu familier : il n'en est sorti que le 1er février 1813, ayant repris de l'embonpoint et jouissant d'une parfaite santé.

Dixième Observation. Pierre Boullé, âgé de quarante-cinq ans, homme grand et bilieux, était entré à l'hôpital au mois de février 1812. Il nous parut alors n'avoir qu'une hydropisie assez considérable, à la vérité, du genou droit. Des vésicatoires réitérés autour de l'articulation, dissipèrent en partie cet amas de synovie ; mais la maladie ne disparut pas entièrement, et se changea en une tumeur blanche qui fit des progrès assez rapides. Au mois de novembre elle était parvenue à un tel degré, et l'état général du malade était tel, que l'amputation de la cuisse était indispensable et assez urgente. Je la fis le 18 de ce mois, et la plaie fut réunie par première intention. Le lendemain l'appareil parut imprégné d'un peu plus de sang que cela n'est ordinaire ; je n'y touchai pas cependant. Cette apparence d'hémorrhagie cessa. Je ne fis le premier pansement que le sixième jour de l'opération. Toutes les ligatures tombèrent successivement chaque jour jusqu'au dixième, que la dernière et la plus considérable se détacha. Comme le malade était assez maigre, le tissu cellulaire sous-cutané ne s'était point opposé à une coaptation immédiate des deux bords de la peau, dans les deux tiers supérieurs de la plaie. Là aussi la réunion fut aussi prompte, aussi immédiate qu'il est possible. Celle de l'angle inférieur se fit attendre plus long-temps ; mais le moignon était tout-à-fait consolidé le trente-cinquième jour de l'opération.

En suivant l'ordre des temps où les opérations dont je fais connaître les résultats ont été pratiquées, je devrais rapporter ici l'exemple d'un autre succès de la réunion immédiate obtenue sur un jeune garçon de quinze ans : mais l'amputation ayant été faite à lambeaux, j'isole momentanément ce cas des autres, et vais bientôt en parler en le considérant sous un autre point de vue.

Onzième Observation. Le 20 novembre dernier, j'amputai la cuisse droite à une jeune femme de vingt-trois ans, que m'avait particulièrement recommandée un des médecins les plus distingués de la capitale, M. Jacquemin, dont l'amitié m'honore. Cette opération la délivra d'une tumeur blanche du genou, dont elle avait éprouvé les premières atteintes dès l'âge de dix ans. Je fis la réunion immédiate de la plaie. Toutes les ligatures étaient tombées le onzième jour après l'opération, et la réunion était terminée le trente-cinquième jour. La guérison eût été sans doute plus prompte, si la présence d'une assez grande quantité de graisse, dans le tissu cellulaire sous-cutané de la cuisse, ne s'était pas opposée à ce que la peau fût réunie aussi exactement qu'elle peut l'être dans d'autres cas. C'est une légère difficulté à laquelle il faut s'attendre quand on pratique l'amputation de la cuisse sur des femmes, chez lesquelles, bien qu'elles aient maigri dans le cours de leur maladie, le tissu cellulaire sous-cutané est encore chargé de graisse. Cette femme n'a pas été guérie plus tôt que les autres malades dont j'ai parlé; elle l'a même été moins promptement que quelques-uns d'entre eux : mais chez aucun, les phénomènes qui ont précédé la guérison n'ont été aussi réguliers; chez aucun, les suites de l'opération n'ont été aussi simples.

VII.

Je ne puis pas ne pas attacher une grande importance aux observations que je viens de rapporter, et j'avoue qu'elles me préviennent en faveur de la réunion immédiate de la plaie après l'amputation circulaire des membres. Néanmoins, je suis loin de penser que cette réunion puisse être consacrée comme une méthode générale, et qu'elle soit également convenable dans tous les cas indistinctement.

Déjà, en ne considérant que le membre même dont l'amputation est indiquée, la réunion immédiate de la plaie, bien qu'admissible au bras comme à la cuisse, ne promet cependant pas des avantages aussi grands dans le premier de ces deux membres que dans le second; parce qu'en général l'amputation du bras est moins grave que celle de la cuisse; parce qu'on peut, avec moins de risques, abandonner à elle-même la plaie qui résulte de la première de ces deux opérations; parce que la disposition, la forme du moignon, après l'amputation du bras, est une chose à très-peu près indifférente, etc. La réunion immédiate convient moins à l'avant-bras, qu'au bras et à la cuisse, et elle me paraît devoir être rejetée après l'amputation de la jambe, que celle-ci soit faite à peu de distance au-dessus de l'articulation du pied, ou bien qu'elle soit pratiquée, comme il est peu ordinaire de le faire, à quelques travers de doigts seulement au-dessus du genou. A la jambe, en effet, les os ont une grosseur trop considérable, relativement aux parties molles qui les entourent : on ne peut pas régler le procédé opératoire de manière à conserver aux muscles beaucoup de longueur, ni faire que les os soient coupés beaucoup au-dessus de l'endroit où l'ont été les muscles, ceux-ci, étroitement unis pour la plupart à la surface des os, n'étant pas susceptibles d'un grande rétraction soudaine. On ne peut donc que conserver assez de peau pour recouvrir la surface du moignon, et préparer une cicatrisation facile et prompte. En tentant la réunion par première intention, on mettrait seulement la peau en contact avec les chairs divisées, et surtout avec une surface osseuse très-étendue, et je ne crois pas que de cette manière l'agglutination puisse avoir lieu. Les mêmes empêchemens existent, à peu de chose près, à l'avant-bras : surtout il y a ici, comme à la jambe, à moins qu'on ne complique beaucoup le procédé opératoire, il y a, dis-je, impossibilité de cerner les os, d'en détacher les muscles dans une certaine étendue, et de conserver à ceux-ci une longueur relative très-considérable. Ainsi, par sa forme et par les proportions respectives des différentes parties qui le composent, le moignon, après l'amputation de l'avant-bras, ne présente pas les conditions les plus favorables à la réunion immédiate de la plaie : autant vaut abandonner celle-ci à la guérison par cicatrisation ; et dans cette vue on doit s'attacher à conserver beaucoup de peau dans l'amputation dont il s'agit. C'est aussi ce qu'il faut faire lorsqu'on pratique celle de la jambe : c'est en cela que consiste la perfection du procédé opératoire dans ces deux amputations, tandis que dans celles du bras et de la cuisse, qu'on veuille ou qu'on ne veuille pas tenter la réunion immédiate de la plaie, c'est bien plutôt à conserver aux muscles une très-grande longueur relative, et à faire que, l'amputation étant terminée, ils dépassent beaucoup l'extrémité de l'os, qu'il faut s'attacher, pour prévenir la saillie de l'os, sa dénudation, ou seulement la conicité du moignon. En rappelant cette différence, je dirais presque ce contraste entre l'amputation de la jambe et de l'avant-bras d'une part, et celle de la cuisse et du bras d'une autre part, j'exprime une grande et importante vérité pratique sur laquelle a plus insisté qu'on ne l'avait fait avant lui, l'illustre auteur de la Clinique chirurgicale.

Qu'on ait ensuite égard à l'état accidentel de tout membre indistinctement dont on projette de faire l'amputation, et de la cuisse même, après l'amputation de laquelle la réunion immédiate de la plaie présente de si grands avantages, on verra que cette réunion est contre-indiquée dans quelques circonstances : j'en citerai deux particulièrement.

1°. Un membre a été écrasé par l'action d'un corps fortement contondant, comme une très-grosse pierre, la roue d'une voiture pesamment chargée ; il y a un tel fracas des os, et le désordre des parties molles est si considérable, qu'il faut amputer le membre dans les premières vingt-quatre heures qui suivent l'accident : outre cela, on croit devoir amputer le membre même qui est le siége du désordre, comme la jambe au-dessous du genou, lors d'une fracture comminutive de sa partie inférieure ou de sa partie moyenne, comme le bras dans un cas d'écrasement de l'articulation du coude. Or, en telle circonstance, tenter la réunion immédiate de la plaie après l'amputation, ce serait compromettre les résultats de cette méthode : on a bien eu soin, je le suppose, de pratiquer l'amputation au-dessus des limites apparentes du désordre ; mais les parties molles du moignon ont ressenti les effets de la contusion, et sous une apparence d'intégrité parfaite, elles cachent une tendance, une disposition à s'enflammer vivement, à suppurer abondamment. J'ai presque toujours vu en pareil cas le moignon devenir le siége d'un engorgement inflammatoire considérable, et d'une suppuration de longue durée : heureux même lorsque la mortification ne s'empare pas d'une portion des tégumens qui ont été conservés, et du tissu cellulaire et des aponévroses qui leur sont sous-jacens ! Peut-être les résultats de la réunion immédiate seraient-ils moins incertains après l'amputation du membre même qui est le siége du désordre, dans les fractures comminutives produites par les coups de feu. Le fracas des os étant supposé à peu près le même que dans une fracture comminutive produite par un corps contondant ordinaire, et supposé aussi que ce membre ait été soumis à l'action d'un projectile de médiocre grosseur, comme une balle, une pièce de mitraille, il est très-certain que l'attrition des parties molles s'étend beaucoup moins loin dans le premier cas que dans le second : en pratiquant l'amputation très-peu au-dessus des limites apparentes du désordre, on est à peu près sûr que le moignon est composé de parties jouissant d'une parfaite intégrité.

2°. Parmi les affections qui conduisent à la réussite de l'amputation des membres, il en est qui, accompagnées de douleurs habituelles ou d'une suppuration abondante, quelquefois même de ces deux choses, ou qui seulement très-lentes dans leurs progrès, ont pour symptôme l'amaigrissement du membre malade; et combien souvent cet amaigrissement n'est-il pas porté jusqu'à l'atrophie la plus grande! Cet état est des plus défavorables pour la réunion immédiate de la plaie. Les os ne participant pas au marasme du corps en totalité, ou de l'une de ses parties, la prédominance des chairs dans un membre qui doit être amputé, est d'autant moindre, que la maigreur de ce membre est plus considérable: d'ailleurs les muscles mous, flasques, unis entre eux par un tissu cellulaire dépourvu de graisse, ne se prêtent pas à être affermis dans le rapport nécessaire pour leur prompte agglutination, soit entre eux, soit avec les tégumens qu'on aurait pris soin de conserver; des chairs en cet état sont aussi bien plus disposées à entrer en suppuration, et à être le siége d'une suppuration de longue durée, qu'à éprouver une inflammation franche et très-légérement suppurative, s'il m'est permis de m'exprimer ainsi, telle que celle qui doit avoir lieu pour que la réunion immédiate ait tout le succès désirable. Cependant il serait avantageux de pouvoir obtenir une guérison prompte de la plaie qui succède à l'amputation, d'éviter une trop longue et trop abondante suppuration. C'est dans de telles circonstances que l'amputation à lambeaux, dont les avantages sont tant contestés, peut en présenter de très-grands, surtout quand il s'agit de l'amputation de la cuisse : on peut bien mieux que par l'amputation circulaire, conserver aux chairs une longueur considérable : il est aussi bien plus facile d'assurer une coaptation exacte entre deux lambeaux, qu'entre les deux côtés de la plaie qui résulte d'une amputation circulaire. Une seule fois cependant j'ai cru devoir pratiquer l'amputation de la cuisse à lambeaux dans la circonstance que je suppose maintenant. Voici le cas :

Douzième Observation. C'était sur un jeune homme de quinze ans, dont le développement avait été tout-à-fait suspendu, et qui était réduit au dernier degré du marasme, par une tumeur blanche scrophuleuse du genou droit, qu'il portait depuis plusieurs années. Je l'opérai à la Charité. Avant l'opération, M. Boyer, convaincu comme moi de l'avantage de l'amputation à lambeaux dans ce cas, penchait pour que les deux lambeaux fussent, l'un antérieur, et l'autre postérieur : cette manière de faire l'amputation de la cuisse, à lambeaux, lui paraît la plus convenable. Je crois, au contraire, qu'il est plus avantageux de former deux lambeaux latéraux, l'un en dehors, l'autre en dedans. Je tins à suivre ce procédé, qui ne me paraît avoir aucun inconvénient, et auquel je trouve le grand avantage de donner à la plaie qui résulte du rapprochement des lambeaux une direction verticale : on prépare ainsi un écoulement facile au sang qui pourrait suinter de la surface des lambeaux, et au produit de la suppuration, quelque légère qu'elle soit, qui doit précéder leur agglutination. J'eus lieu de m'applaudir de lui avoir donné la préférence. Par un changement assez étrange, et que nous n'avions nullement soupçonné avant l'opération, le fémur était aplati d'un côté à l'autre, et n'avait pas dans ce sens une épaisseur plus grande que celle de l'un des os du crâne : ses dimensions d'avant en arrière étaient, au contraire, proportionnées à sa grosseur absolue, ou peut-être même à l'âge du sujet. On conçoit ce que cette disposition du fémur a dû apporter de facilité dans l'opération, les deux lambeaux ayant été faits, l'un en dehors, et l'autre en dedans; et de quelle difficulté, au contraire, elle eût été la source, si j'avais dû les former, l'un en devant, et l'autre en arrière. Aussi me fût-il possible de leur donner la plus parfaite régularité, tout en suivant le procédé de Vermale : ils avaient exactement même grandeur, même forme, même épaisseur. J'ai à peine besoin de faire remarquer qu'il dut résulter du choix que j'avais fait un avantage plus grand encore pour la réunion de ces lambeaux, puisqu'ils se trouvèrent n'être séparés l'un de l'autre, près de leur base, que par la lame osseuse très mince que présentait le fémur dans le sens transversal. Ces deux lambeaux furent mis en contact immédiat, incontinent après l'opération et la ligature des vaisseaux : ils furent assujétis dans ce rapport par de simples bandelettes agglutinatives : les fils qui avaient servi à lier les artères avaient été placés tous dans l'angle inférieur de la plaie. Il n'y eut point d'hémorrhagie consécutive : toutes les ligatures étaient tombées le sixième jour : le vingt-sixième, la nature avait terminé l'agglutination des lambeaux, et la trace demi-circulaire de leur réunion était entièrement cicatrisée. Déjà à cette époque notre jeune malade était méconnaissable par l'embonpoint qu'il avait pris.

Quant au résultat, ce fait, par la relation duquel je mets fin à ce Mémoire, rentre dans l'objet que je m'étais proposé, puisqu'une agglutination à peine précédée de suppuration, a suivi la réunion immédiate pratiquée après l'amputation de la cuisse à lambeaux. Cependant j'ai principalement voulu considérer cette réunion immédiate ou par première intention, après l'amputation circulaire ; et j'ai voulu prouver, soit par la discussion, soit, et plus encore par les résultats de l'expérience, que pratiquée avec des précautions et suivant des règles qui n'avaient pas encore été bien indiquées, cette méthode n'expose par elle-même à aucun danger, qu'elle ne présente aucun inconvénient, et qu'elle offre, au contraire, des avantages inappréciables.

RAPPORT

Fait à l'Institut, par MM. DESCHAMPS et PERCY, dans la séance du 25 juillet 1814.

Le Secrétaire perpétuel pour les sciences naturelles, certifie que ce qui suit est extrait du procès-verbal de la séance du lundi 25 juillet 1814 :

La Classe, dans sa séance du 21 mars dernier, nous a chargés, M. Deschamps et moi, de lui faire un rapport sur le mémoire lu par M. le docteur *Roux*, chirurgien en second de l'hôpital de la Charité, et ayant pour titre : *Mémoire et Observations sur la réunion immédiate de la plaie après l'amputation circulaire des membres dans leur continuité, et spécialement après l'amputation de la cuisse.*

L'objet de M. Roux a été de rappeler aux chirurgiens français, et en particulier à ceux qui étaient chargés de soigner les blessés dont les hôpitaux de France étaient remplis, les avantages de la réunion immédiate après une opération qu'ils devaient être souvent forcés de pratiquer.

Cette méthode, sur l'origine de laquelle l'auteur n'a pas cru devoir s'expliquer, et qu'il a seulement fixée vers la fin du siècle précédent, est due toute entière aux Anglais, qui furent d'abord, et très-long-temps, bien au-dessous de nous, pour ce qui regarde les amputations en général, quoiqu'ils se glorifiassent de leur *Lowdham*, inventeur, à ce qu'ils prétendent, de l'amputation à lambeaux, mais qui ont fini par nous surpasser à leur tour, en perfectionnant plus heureusement que nous n'avions pu le faire, cet acte important et terrible de la chirurgie.

Les chirurgiens Anglais furent les premiers à remarquer que, dans les opérations où il fallait mettre à découvert de grandes surfaces, on était trop peu soigneux de conserver assez de peau pour recouvrir la plaie. Benjamin Bell rapporte que ce fut à Paris qu'il fit, pour son compte, cette observation de laquelle il a tiré depuis un si grand parti, tant pour sa propre réputation, que pour les progrès d'un art qu'il a si long-temps honoré, et que ses fils et neveux exercent aujourd'hui avec tant de succès et de célébrité en Angleterre.

En 1772, ce savant chirurgien ayant éprouvé plusieurs fois, après l'extirpation des mamelles cancéreuses, combien ce procédé était favorable à la cicatrisation, et soulageait en même temps les malades, se décida à l'appliquer à l'amputation de la cuisse, dans laquelle il n'y avait pas plus de quarante ans que Sharp, son compatriote, conseillait encore de coudre avec du fil ou avec des rubans, les tégumens sur le moignon, comme faisaient quelques chirurgiens du temps d'Ambroise Paré.

M. Hay, son collègue et son ami, ayant été témoin de l'étonnante réussite de ce nouveau mode de réunion, s'en déclara le zélé partisan, et, en 1776, un assez grand nombre de chirurgiens des grands hôpitaux de Londres et d'Edimbourg, ainsi que des armées et expéditions anglaises, l'avait adopté.

Bell, en traitant de la réunion immédiate, autrement pour parler le langage de l'Ecole, par première intention, telle qu'il l'avait conçue et qu'il l'exécutait après l'amputation de la cuisse, dit : « M. Hay et moi nous sommes » restés invariablement attachés à cette mé- » thode, à laquelle toutefois nous avons apporté » quelques modifications selon les circon- » stances, et nous avons souvent vu de gros » moignons qui, suivant les procédés ordi- » naires, auraient exigé un traitement de plu-

» sieurs mois, se guérir dans le même nombre » de semaines ».

Tel était l'état des choses, lorsqu'en 1779, M. Alanson, habile chirurgien de Liverpool, pénetré de l'utilité de la découverte de Bell, à laquelle il s'abstint de donner le nom de son véritable auteur, mit tous ses soins à la développer, à la perfectionner, et publia en Anglais, sur ce sujet encore nouveau, ce petit ouvrage que feu notre collègue Lassus traduisit, peu de temps après, dans notre langue.

C'est de cette double publication que date véritablement la révolution qui s'est opérée parmi les chirurgiens tant français qu'étrangers, relativement à une opération du premier ordre, laquelle, après avoir en quelque sorte lassé les méditations et les essais de Morand, de Louis, de Valentin, etc., laissait encore tant de choses à désirer.

En 1783, Desault, et l'un de vos commissaires, amputèrent la cuisse à la dame Johannet, Américaine opulente et jeune, qui était venue chercher à Paris des secours et des conseils pour une carie profonde et chronique du genou. Elle fut opérée à la manière anglaise, et le moignon fut cicatrisé le vingt-deuxième jour.

Alors, cette méthode commença à se répandre

un peu parmi nous. On ne retint du procédé décrit par Alanson, que le principe de garder beaucoup de peau et de parties musculaires, et de réunir immédiatement : principe qu'il avait emprunté de Bell, et qui eût fructifié beaucoup plus tôt, s'il ne l'eût pas associé à une façon difficile et presque impraticale de faire la division des parties molles.

Quelques jeunes professeurs enseignèrent dans leurs cours particuliers la méthode de Bell : on alla en Écosse la lui voir mettre à exécution sur le vivant, et on s'y assura qu'en effet, la cicatrisation des moignons ne durait que quelques semaines.

La guerre s'alluma en 1792. Les chirurgiens militaires formés dans les bonnes écoles, amputèrent comme faisaient la plupart des Anglais, et réussirent aussi bien qu'eux. Ceux qui avaient eu le malheur de recevoir des leçons contraires, et qui, par une stupide imitation, *persistaient à jurer par les paroles du maître*, suivirent l'ancienne routine, et firent beaucoup de mal. Aujourd'hui encore, les chirurgiens sont partagés, non d'opinion (ils conviennent presque tous que la réunion par première intention offre de très-grands avantages), et qu'elle abrège beaucoup la guérison; mais d'habitude; les uns ayant de bonne heure connu cette pratique moderne, et l'ayant embrassée avant d'être façonnés aux anciennes; les autres s'en tenant à l'ancien usage dans lequel ils étaient élevés, avant d'avoir entendu parler du nouveau.

C'est à ceux-ci que M. Roux reproche le froid accueil qu'ils ont fait à une conception si intéressante, et l'indifférence avec laquelle ils la traitent, soit dans leurs consultations, soit dans leurs ouvrages ou dans leurs leçons.

Il est vrai, qu'excepté les livres des Anglais, il n'est point de traités de chirurgie où l'on s'en soit sérieusement et expressément occupé : quelques-uns même ne la citent que pour la combattre et en dégoûter le lecteur.

Aux armées, où l'on n'a guère le temps d'écrire, il s'est établi, en faveur de la doctrine en question, une de ces traditions basées sur les faits et les exemples, qui propagent si vite et si heureusement les vérités utiles, et souvent même durent plus que les écrits et les livres.

Comment les chirurgiens de l'armée du Rhin auraient-ils pu résister à la preuve que nous allons rapporter de la grande supériorité de la méthode que loue si justement M. Roux, sur toutes celles qui l'ont précédée ? A l'affaire de

Newbourg, il y eut environ deux mille blessés, et l'un de nous fit sur le champ de bataille quatre-vingt-douze amputations, dont trente-huit de la cuisse, trente-trois du bras, et vingt-une de la jambe. Les plaies furent réunies par première intention ; celles des jambes amputées le furent moins bien que les autres, à cause de la différence des parties et de la difficulté d'y ménager assez de peau et de chairs pour en couvrir le moignon, comme M. Roux a eu soin de le faire observer. Cependant ces dernières furent guéries presque aussi promptement que les autres. Les amputations avaient toutes été faites le 22 septembre, et les amputés étaient arrivés à Augsbourg dans la nuit suivante. Ils furent guéris au nombre de quatre-vingt-six, le 18 octobre, et en état d'aller recevoir eux-mêmes la gratification que le général Dessoles, actuellement commandant de la garde nationale de Paris, et alors chef du grand état-major du général Moreau, leur distribua au nom de l'armée et de son Chef bien aimé, avec cette bonté paternelle et ces formes consolantes qui le distinguèrent de tout temps.

On voit que la cicatrisation des plaies ne dura que vingt-six jours, et sur quatre-vingt-douze amputés il n'en mourut que six ; ce qui est encore au-dessus de la proportion des Anglais, et de Bell en particulier, qui prétendent que sur vingt on ne doit en perdre qu'un.

M. Roux n'a pu être aussi heureux dans les amputations de toutes espèces qu'il a pratiquées selon la méthode dont son intéressant Mémoire est l'apologie; mais quelle différence d'avoir affaire à des hommes jeunes, robustes, sains, qui viennent d'être blessés et sont opérés aussitôt, ou d'avoir à traiter des sujets de tout âge, épuisés par de longues souffrances, et séjournant depuis long-temps dans les hôpitaux!

Toutefois, M. Roux a droit de se glorifier des succès qu'il a obtenus, et si les Observations qu'il a consignées dans son Mémoire sont concluantes en faveur du précepte de la réunion immédiate, elles sont aussi l'honorable preuve de la sagacité de l'opérateur qui a eu occasion de les faire.

Il y a deux ans, M. Maunoir, chirurgien très-distingué, à Genève, adressa à la classe un travail rédigé dans les mêmes vues, le même sens et les mêmes principes que celui de M. Roux. M. Pictet voulut bien nous en faire la lecture, et quoique l'auteur eût mêlé à des raisonnemens très-judicieux, une réfutation exagérée et peut-être intempestive des objections faites avec sagesse et vérité, par un de nos

Collègues, contre le système de la réunion immédiate après les amputations, ou plutôt contre quelques inconvéniens graves dont elle n'est pas rigoureusement exempte, il résulta de cet écrit, que la méthode anglaise, appelée par M. Maunoir, *à recouvrement*, laquelle n'a pas été plus inventée à Genève qu'à Paris, méritait, sous tous les rapports, la préférence des gens de l'art, et leur offrait, ainsi qu'aux malades, des avantages qu'ils attendraient vainement des diverses autres.

M. Roux, en dernier lieu, a fait valoir à son tour, avec tout le zèle et toute l'énergie de la conviction, les argumens les plus capables de déterminer enfin l'universalité des chirurgiens pour la réunion immédiate dont il s'est constitué le défenseur et le promoteur. Puissent ses généreux efforts être couronnés d'un entier succès !

Nous n'entrerons pas avec lui dans tous les détails explicatifs, quoique d'ailleurs très-intéressans, dont il s'est occupé dans son Mémoire. Nous nous arrêterons seulement à ce qu'il nous paraîtra le plus essentiel de rappeler.

La plupart des zélateurs de la réunion immédiate après l'amputation de la cuisse, abusés par leur enthousiasme, n'ont pas hésité de dire qu'elle avait lieu sans aucune trace de suppuration, aimant mieux invoquer le témoignage de Bell et d'Alanson, qui, sur ce point, sont peut-être allés un peu trop loin, que de s'en rapporter à leurs propres yeux, et à leur expérience personnelle.

Il faut convenir que, dans certains cas, à peine voit-on sortir du moignon quelques gouttes d'une sérosité d'abord sanguinolente et ensuite puriforme; mais maintes fois nous avons été à portée de nous assurer de l'existence d'une suppuration plus ou moins abondante; et comment, pour nous servir des expressions de M. Roux, n'y en aurait-il pas au milieu des parties si dissimilaires qui ont été divisées dans l'opération, et que leur contact avec les bords quelquefois inégaux et tranchans de l'os scié, et avec les fils des ligatures, devenus corps étrangers, fatigue et irrite incessamment! Il faut dire de plus, que si les instrumens avec lesquels on doit diviser la peau et les muscles coupent mal, ou parce qu'ils sont émoussés, ou parce qu'ils sont d'une mauvaise confection, la suppuration s'établira et pourra être assez abondante, quelles que soient, au surplus, les précautions qu'on pourra prendre pour la prévenir. Quant à l'état de contusion et d'attrition du membre d'où résulte toujours une copieuse et longue suppuration, il est bien inutile de faire observer que ce n'est point dans un tel cas qu'on pratique la réunion immédiate.

On a prétendu qu'en multipliant les ligatures et les appliquant à toutes les artérioles qu'il est possible de découvrir, on réussit à empêcher complètement la suppuration. M. Roux a bien raison de douter encore de cet effet; mais il convient, et nous en convenons aussi, qu'alors la suppuration est extrêmement peu considérable, et pour ainsi dire insensible.

A cette occasion, nous ferons une observation qui n'a point échappé à M. Roux. Est-il toujours possible de lier les artérioles dont est parsemé le moignon? Non, sans doute. D'un côté, la faiblesse où peut tomber le patient, en rendant languissante la circulation, et de l'autre, des spasmes inévitables en crispant les orifices de ces vaisseaux, font qu'ils ne versent pas le sang dont on a besoin pour les reconnaître. Alors il faut renoncer à les lier, ou mettre des heures entières à terminer une opération qui ne peut être prolongée sans plus ou moins de danger. Au reste, ce qui peut se faire dans un hôpital ordinaire et tranquille, ou dans les maisons des particuliers, n'est pas également praticable dans toutes les circonstances : aux armées, aux ambulances, sur le terrain, où l'on a quelquefois à faire, dans une attitude très-gênante, deux ou trois cents amputations, dont chacune ne doit pas durer plus de trois ou quatre minutes, autrement le service serait en péril, on sent que ces minutieuses attentions ne sauraient être observées; et pourtant ne liant que la principale artère, et tout au plus une ou deux des plus fortes après elle, les chirurgiens militaires réunissent immédiatement, et obtiennent, pour peu que l'administration vienne de son côté au secours des blessés, des guérisons étonnantes par leur nombre et leur promptitude.

Bien des chirurgiens n'ayant pas fait la guerre, ne conçoivent pas comment, avec si peu de ligatures, les blessés ne périssent pas d'hémorrhagie. Cependant l'un de nous jure que jamais il n'en a vu mourir un seul par la perte de son sang, malgré la longueur des évacuations, et l'incommodité des moyens de transport. Ils ne conçoivent pas davantage comment la plaie du moignon, ayant été réunie par première intention, et ses bords étant maintenus fortement dans un contact intime, le sang qui coule ou exsude des vaisseaux non liés, ne s'infiltre pas dans le tissu cellulaire, ne s'accumule pas dans l'interstice des muscles, pour y causer ces redoutables accidens dont notre collègue, le professeur Pelletan, a donné, dans sa Clinique chirurgicale, des observations si instructives et si effrayantes.

M. Roux, sans révoquer en doute de tels événemens, fait entendre qu'ils sont très-rares; et il donne, pour les prévenir, l'excellent conseil de ne pas rapprocher partout avec la même exactitude les bords de la plaie, de ménager à sa partie la plus déclive, une libre issue au sang qui devra s'écouler, ainsi qu'au pus qui pourra se former dans la suite; et nous ajoutons que cette précaution, si familière aux chirurgiens d'armée, aura encore bien plus d'effet, si on a soin d'exercer sur le moignon une compression douce et uniforme, telle que l'exercent les Anglais, tantôt avec des bandes élastiques de flanelle, tantôt avec une espèce de bonnet de laine tricoté, bien plus élastique encore, et telle que nous sommes en France dans l'usage de la pratiquer, non avec la capeline qui est embarrassante, et peut faire rebrousser les chairs et la peau, mais avec un bandage équivalent, que ce n'est pas le moment de décrire.

M. Roux applique un long cylindre ou rouleau de charpie au-dessus des bords de la plaie de chaque côté et par dessous les bandelettes agglutinatives qui les tiennent en état de juxtaposition. Ce moyen est bon; mais il a encore besoin d'être perfectionné.

Ce chirurgien, plein de discernement et de réflexion, a confirmé ce que Bell et Alanson avaient dit avant lui, touchant la position ou le *decubitus* du moignon ou de la portion restante de la cuisse amputée. Il recommande, et nous partageons son avis, la position horizontale, comme la plus convenable au relâchement des muscles tronqués, et à l'écoulement des matières qui chercheraient à s'échapper du fond de la plaie réunie; et même nous pensons avec les chirurgiens anglais qu'un peu de pente vers le bas, rend encore plus favorable et plus commode cette situation. C'est une erreur bien grossière, et une habitude bien déraisonnable, que de relever le moignon avec des coussinets, et de lui faire faire un angle, quelquefois droit, avec l'axe du corps. En cet état, les matières doivent y croupir, s'y ouvrir des clapiers et des sinus, et produire des abcès consécutifs trop souvent funestes. En cet état encore, les portions de muscles de la face postérieure de la cuisse tirent à elles la moitié de la plaie à laquelle elles correspondent, gênent et retardent la cicatrisation, et contribuent à rendre l'os saillant.

Il n'entrait pas dans le plan de M. Roux d'indiquer les procédés opératoires propres à obvier à ce dernier accident, aussi fâcheux pour le malade, qu'il est, en général, honteux pour le chirurgien. Il s'est contenté d'insister sur la nécessité de conserver assez de peau et de muscles pour bien couvrir le moignon; et sans parler des manœuvres difficiles et inexécutables d'Alanson, il a averti que pour atteindre ce but, il fallait, à mesure que l'aide retire en haut et contre soi les tégumens déjà circulairement divisés, détruire avec soin les brides qui les attachent aux aponévroses, et afin de faciliter la rétrocession des muscles, séparer du fémur ceux qui y adhèrent; ce qui joint à la traction exercée par les mains d'un aide attentif et fort, peut suffire dans l'amputation d'une cuisse émaciée et molle, mais ne le pourrait pas aussi sûrement dans celle d'une cuisse volumineuse, ferme et jouissant de toute sa vie.

Ce n'était pas non plus le lieu de conseiller, dans le dernier cas, l'usage du rétracteur métallique, connu sous le nom de l'un de vos rapporteurs, instrument imité de celui de Bell ou d'Alanson, de l'essai duquel l'auteur du Mémoire a eu lieu d'être satisfait, et dont les chirurgiens ne peuvent plus se passer une fois qu'ils en ont éprouvé l'utilité. Avec ce rétracteur, pour peu qu'on sache le manier, la saillie de l'os, dans l'amputation de la cuisse, à laquelle il est spécialement consacré, est de toute impossibilité; et c'est surtout quand on y a eu recours, que la réunion immédiate du moignon est suivie d'un prompt et plein succès.

M. Roux blâme ces opérateurs qui craignent toujours de ne jamais conserver assez de peau, et qui la retroussant sur elle-même comme un parement d'habit, la mettent hors d'état, par leur indiscrète dissection, de s'unir aux parties qu'elle doit envelopper. C'est un abus tout aussi dangereux que l'excès contraire; quand il y a trop de peau ses bords se retournent, se replient en dedans, se couvrent d'une cicatrice ordinairement arrondie, et ne se réunissent plus entre eux; ce qui fait manquer la réunion immédiate du moignon qui, de son côté, est lâche, flasque, ridé, et forme comme une bourse vide où le sang et le pus peuvent aisément s'accumuler. Il est bon que la peau joigne partout, mais sans constriction, afin de ne pas gêner l'intumescence qui survient toujours plus ou moins quelques jours après l'opération.

On voit avec plaisir que notre jeune et habile confrère a su s'élever au-dessus des déclamations de certains praticiens qui ont voulu proscrire les bandelettes agglutinatives des pansemens, après l'amputation de la cuisse, croyant peut-être empêcher par là l'admission de la réunion immédiate, qui sans elles ne pourrait s'effectuer. Les inconvéniens qu'ils leur ont attribués, sont absolument nuls, quand on sait user de ces moyens. Comment, sans leur secours, pourrait-t-on maîtriser la peau, en tenir les bords rapprochés, et rendre fixe ce contact mutuel des parties, tel que l'exige la réunion par première intention? Il ne faut, à la vérité, ni les trop multiplier, ni les appliquer trop serrées; il est nécessaire aussi de les relâcher, de les changer de place et de varier leurs formes, selon le besoin; mais il est bien prouvé que rien ne peut les remplacer.

M. Roux les dispose transversalement, parce qu'il forme sa ligne de réunion d'avant en arrière, et non de droite à gauche, comme le font encore quelques Anglais, sans songer combien leur manière est peu favorable à la sortie des matières étrangères.

Bell a désapprouvé cette direction établie par Alanson, et il préféra toujours l'autre, dont l'avantage essentiel est de fournir vers l'angle inférieur une pente naturelle, et une issue facile à tout ce qui pourrait suinter ou s'écouler du fond du moignon. C'est à cet angle que M. Roux rassemble les fils de toutes les ligatures, au lieu d'en placer la moitié à la commissure supérieure, et l'autre moitié à celle d'en bas, comme on fait en Angleterre. Il forme de ce faisceau une espèce de filtre destiné à faciliter de plus en plus l'éjection des humeurs, sans compter que sa présence empêchera la cicatrisation prématurée de cette ouverture, qui ne doit se fermer que la dernière, et lorsque les fils seront enlevés.

Il se passe à cette commissure inférieure, lorsque le moignon repose à plat, une chose à laquelle on n'avait peut-être, jusqu'à présent, fait aucune attention; c'est qu'au lieu de rester linéaire, comme le reste de la ligne de réunion, elle s'écarte par la pression du membre, devient béante et forme un *hiatus* triangulaire dont la base est à la circonférence du moignon, et dont la pointe se perd dans la ligne dont il vient d'être parlé. Cela fait que, même sans le cordon des fils des ligatures, la cicatrisation de cet endroit serait toujours plus tardive, et qu'elle est toujours moins régulière qu'ailleurs.

Dans la direction transversale, cet effet ne peut avoir lieu : l'aplatissement de la face postérieure du moignon placé horizontalement, ou un peu incliné du haut en bas, est cause qu'aucun point de la ligne de réunion ne baille, et que les parties sont plus sûrement maintenues en coaptation ; de sorte que si les matières trouvaient à s'échapper avec assez de facilité par l'un des deux angles latéraux, cette direction, que nous n'avons pas approuvée tout à l'heure, serait réellement la plus convenable, en supposant toutefois que le lit fût en état de résister au poids du moignon, sans former un creux qui l'empêcherait de s'aplatir, et nuirait évidemment à l'œuvre de la réunion entreprise dans la ligne de direction dont il s'agit.

M. Roux a deux ou trois fois parlé dans le cours de son Mémoire, du cône creux que présente un moignon non encore réuni. C'est ainsi qu'Alanson appelait cette excavation qu'il produisait par le moyen de la coupe oblique, que lui seul peut-être réussissait à bien faire, tant elle était difficile et embarrassante.

M. le professeur prussien Graëf, peut aussi donner ce nom au godet ou évidé qu'il obtient à l'aide d'un couteau de son invention, qui coupe les muscles en bizeau et dont personne que lui, peut-être, n'a encore bien su faire usage.

Nous avançons dans le compte que nous avions à rendre à la classe, d'un travail qui, quoique long, n'a pu suffire à l'abondance des objets que M. Roux avait à y traiter.

Afin de montrer dans tout son jour les avantages de la réunion immédiate de l'énorme plaie qui résulte de l'amputation de la cuisse, l'auteur a mis en parallèle avec cette méthode, la coutume toute contraire, à laquelle on regrette de voir encore asservis tant de chirurgiens français qui jouissent d'ailleurs d'une célébrité due à des talens réels. Cette opposition, dans laquelle rien n'est outré, porte un caractère décisif, et démontre jusqu'à l'évidence, que dans cette réunion les blessés souffrent infiniment moins; que les pansemens sont plus simples, plus courts et à peine douloureux; que la fièvre est presque toujours extrêmement médiocre, même pendant le gonflement inflammatoire qui survient au moignon, où souvent aussi on n'aperçoit qu'un peu de rénitence qui suffit pour opérer l'adhésion; qu'il n'y a, ou ne doit jamais y avoir de suppuration débilitante; que souvent il ne paraît qu'une exsudation sanguinolente au commencement, et dans la suite, à peine puriforme; que la formidable saillie de l'os et la conicité du moignon n'ont et ne peuvent avoir lieu; que le moignon reste arrondi, ferme, charnu, par l'effet de la non destruction du tissu cellulaire, ce qui le rend apte à l'application prothétique de la cuisse artificielle; enfin qu'en 20, 25 ou 30 jours une cicatrice linéaire et solide termine cet heureux traitement: tandis que dans la pratique ordinaire, les blessés éprouvent les plus vives douleurs, tant hors des pansemens, qui consistent dans les remplissages de charpie sèche entassée par masse au fond et à la surface du moignon, que pendant les pansemens qui exposent à l'impression de l'air des chairs nues et sensibles, d'où naissent les spasmes, souvent le tétanos, et une foule d'autres accidens: il faut ajouter l'affaiblissement causé par une longue et copieuse suppuration, par la fièvre qui s'entretient et qui finit par être entretenue par elle; la proéminence de l'os que les muscles sans cesse irrités et rétractés sont si sujets à abandonner ; la lenteur de la cicatrisation qui, fréquemment, n'est pas achevée en 3 ou 4 mois ; et la difformité, le peu de consistance d'une cicatrice qui se déchire au moindre effort, et ne peut résister au contact ni à la pression des moyens mecaniques qui doivent suppléer le membre perdu.

Vos Commissaires sont garans de l'exactitude de ces faits qu'ils ont pu, pendant un long exercice, vérifier eux-mêmes, soit comme témoins, soit comme acteurs. L'un d'eux a le triste avantage d'avoir fait ou aidé à faire plus d'amputations qu'aucun chirurgien qui ait jamais existé, excepté, peut-être, son collègue M. le baron Larrey, à qui il céderait volontiers cette malheureuse prérogative. Or, partisan, dès sa jeunesse, de la méthode des célèbres chirurgiens anglais qui ont été cités plus haut, il l'a constamment pratiquée dans les hôpitaux militaires et aux armées où il a servi si long-temps, ayant eu toujours à se louer d'elle et de ses succès, sans avoir pu faire entièrement rejeter l'autre, malgré les vices et les dangers qu'on a à lui reprocher. Nous désirons que M. Roux soit plus heureux que ceux qui l'ont précédé dans les efforts qu'il fait aujourd'hui ; les circonstances semblent lui être plus favorables qu'elles ne l'ont été encore dernièrement à M. Maunoir. Deux professeurs de son âge, déjà, comme lui, occupant un rang très-distingué dans la chirurgie, et placés à la tête de celle des grands hôpitaux de la capitale, ont aussi adopté la réunion immédiate, surtout après l'amputation de la cuisse, et ils l'enseignent et la recommandent publiquement à de nombreux élèves, comme digne, à tous égards, de leur confiance et de leur adoption : bientôt cette génération vengera la doctrine anglaise de l'injustice et de l'insouciance de l'ancienne, et les vœux de M. Roux seront remplis.

Au reste, cet estimable écrivain a présenté, à l'appui d'une théorie puisée en partie dans les ouvrages de nos voisins, qu'il est sur le point d'aller visiter, des faits nombreux qui n'appartiennent qu'à lui.

Nous sommes forcés, vu la longueur qu'a déjà notre rapport, de passer sous silence les notes intéressantes que M. Roux a semées dans son Mémoire, soit sur l'amputation à lambeaux, qui ne doit plus avoir lieu dans la continuité des membres, et ne compte de nos jours qu'un seul partisan accrédité ; soit sur les effets du moxa dans les tumeurs blanches des articulations ; soit enfin sur le manuel de l'amputation partielle du pied et sur la manière de trouver sans erreur ni tâtonnemens l'intervalle des os scaphoïde et astragale quand il s'agit de les séparer.

L'écrit que nous venons d'analyser ne présente rien de bien neuf, sans doute : son estimable auteur n'a pas eu la prétention de faire croire le contraire. Mais il n'en est pas moins très-intéressant et très-instructif, et il ne peut qu'ajouter à l'opinion extrêmement avantageuse qu'on avait déjà des connaissances et des talens de son auteur. Vos Commissaires estiment que ce chirurgien si laborieux et si zélé pour les progrès de son art, s'est rendu de plus en plus digne du bon accueil qu'il a déjà reçu parmi nous, et qu'il a mérité de la part de la classe des remercîmens particuliers et une lettre d'encouragement.

Signé Deschamps, Percy, *Rapporteur.*

La Classe approuve le rapport et en adopte les conclusions.

Certifié conforme à l'original,

Le Secrétaire perpétuel, Conseiller d'Etat, Chevalier de la Légion d'Honneur et de l'Ordre de la Réunion,

G. Cuvier.

OBSERVATION

Sur un Strabisme divergent de l'Œil droit, guéri sur un Sujet adulte qui en était affecté depuis son enfance.

Je cherchais, il y a quelque temps, une distraction à des travaux sérieux : attiré par le charme que Buffon a répandu dans ses ouvrages, je relisais son histoire de l'homme, dans laquelle on ne sait ce qu'on doit le plus admirer de la force des pensées, ou de la magnificence du style. Cette lecture, à laquelle j'apportai sans doute plus de soin que je n'y en avais jamais mis, m'a fourni l'idée d'une tentative, qui a eu pour résultat la guérison d'un strabisme divergent de l'œil droit, chez un sujet adulte, et conséquemment à un âge où l'on croit généralement que rien ne peut remédier à cette choquante difformité.

On sait que Buffon termine ses recherches sur le sens de la vue par quelques considérations sur le strabisme, ou la vue louche; et chacun sait aussi que, suivant Buffon, le strabisme, dont tant d'individus ont contracté l'habitude dans leur enfance, a pour cause une différence primordiale, soit dans la conformation des deux yeux, soit dans la sensibilité des deux rétines, en un mot, une inégalité de force dans les deux yeux, et une inaptitude de ces deux organes à être affectés également par les objets extérieurs, à recevoir deux impressions identiques. Cette explication est bien plus plausible que celle que l'académicien Lahire avait donnée de la même difformité, en supposant que chez tous les hommes la rétine jouit d'une sensibilité plus vive là où s'insère le nerf optique que dans tout autre point de l'intérieur de l'œil; que c'est là aussi que se fait et que doit se faire l'image des objets, et en prétendant que le strabisme dépend d'un défaut de concordance dans le point d'insertion des deux nerfs optiques.

Je pourrais dire que, quoique plus conforme à la raison et à l'expérience que celle de Lahire, la théorie de Buffon sur le strabisme est trop absolue, trop générale. Dans beaucoup de cas, en effet, le strabisme n'est pas le résultat d'une disposition innée; chez nombre d'individus, il a dû son origine à une habitude vicieuse, contractée dans l'enfance. Je pourrais ajouter, et comme une chose qui me semble ne point avoir été assez remarquée, qu'en supposant une force égale dans les deux yeux, les enfans doivent avoir une disposition très-grande à contracter l'habitude de la vue louche, puisque l'harmonie qui doit avoir lieu entre les deux yeux pour un regard parfait, dans les mouvemens latéraux, exige le concours d'action de deux muscles dissemblables; savoir, l'adducteur d'un côté, et l'abducteur du côté opposé : l'harmonie doit s'établir bien plus facilement entre les muscles destinés à produire le même mouvement, comme entre les deux muscles élévateurs des yeux ou les deux muscles abaisseurs ; aussi je ne crois pas qu'on ait jamais observé un strabisme tel, que dans le regard en haut ou en bas, l'un des yeux seulement fût dirigé convenablement, et l'autre dans le sens opposé. Mais c'est d'un fait d'observation concernant le strabisme, qu'il s'agit ici ; et je me garde de rappeler tout ce qui a été dit et tout ce qu'on pourrait dire sur l'origine de cette difformité.

Cependant je ferai encore une remarque. Le strabisme qui a son principe dans une inégalité primordiale de force des deux yeux, et celui qui dépend de l'habitude que prennent quelques enfans de détourner l'un des yeux des objets qu'ils fixent, par suite de leur mauvaise exposition à la lumière, et bien que les yeux fussent doués originellement d'une force égale, diffèrent, quand la difformité est ancienne, très-peu l'un de l'autre; ils se confondent soit quant à ce qui constitue essentiellement chacun d'eux, soit quant à la possibliité ou à l'impossibilité d'en obtenir la guérison, et à la nature des moyens qu'il faudrait employer pour parvenir à ce but. En effet, dans le strabisme qui ne tient point à une inégalité de force des deux yeux, cette inégalité s'établit par suite de l'habitude qu'on contracte, de détourner l'un des yeux des objets sur lesquels le regard est fixé; l'œil detourné s'affaiblit en même temps qu'une prédominence d'action s'établit dans son muscle adducteur, ou abducteur, selon que le strabisme est convergent ou divergent, mais plus ordinairement dans le muscle abducteur ou droit externe. Dans l'autre sorte de strabisme, c'est la faiblesse innée de l'un des yeux qui entraîne l'action prédominante de l'un des muscles latéraux de l'œil le moins fort. Ici, cette prédominence d'action du muscle adducteur ou de l'abducteur de l'un des yeux est l'effet d'une disproportion plus ou moins grande dans la force de ces deux organes, d'une différence dans l'étendue de l'intervalle du point de vue distincte pour chacun des yeux : là, au contraire, c'est cette action prédominante de l'un des muscles latéraux de l'un des yeux, qui est la cause première du strabisme ; l'inégalité de force est effet ou résultat. Tels sont toujours les deux élémens, ou, si l'on veut, les deux phénomènes essentiels des deux espèces les plus communes de strabimes : peu importe, sans doute, après un certain temps, lequel de ces deux élémens ou de ces deux phénomènes a eu l'initiative sur l'autre ; il semble, ou du moins je crois que ce qu'il y a le plus à considérer dans le strabisme établi depuis un certain temps, c'est moins la cause première de la difformité, ou son mode d'origine, que l'inégalité maintenant existante dans la force des deux yeux, et le degré auquel cette inégalité est portée.

Il est prouvé que, quelle qu'ait été la cause première ou déterminante du strabisme, on parvient quelquefois à faire cesser la faiblesse congéniale ou acquise de l'œil strabique, à rétablir l'harmonie d'action entre les muscles des deux yeux, qui doivent agir concurremment pour que le regard soit parfait dans tous les sens où il peut s'exercer, et à guérir enfin la difformité choquante dont il s'agit. J'ai à peine besoin de rappeler qu'il suffit pour cela de soustraire pendant un temps l'œil le plus fort à l'impression de la lumière, et de faire exercer exclusivement l'œil le plus faible, qui, en général, dans le strabisme, conserve, malgré sa faiblesse relative, une tendance à se diriger convenablement vers les objets extérieurs, lorsqu'on le force à agir seul. Mais c'est une opinion assez générale, qu'on ne peut tenter la guérison du strabisme avec quelque espérance de succès, que chez les enfans ; et je ne sache pas qu'elle ait été démentie par des exemples de guérison obtenue sur des sujets adultes. Sans attaquer directement cette opinion, et sans avancer positivement qu'il soit autant ou plus facile de guérir le strabisme dans l'âge adulte que chez l'enfant, Buffon le donne cependant à penser dans quelques-unes de ses ingénieuses réflexions sur la vue louche.

Suivant lui, pour que la vue soit parfaitement distincte, il est nécessaire que les yeux soient absolument d'égale force. Néanmoins, une inégalité de force entre les deux yeux n'entraîne pas, de toute nécessité, le strabisme. Si elle est très-légère, il en résulte que les objets sont vus de l'œil le plus fort, aussi distinctement que des deux yeux; tandis qu'en admettant une parfaite égalité de force dans ces deux organes, la vue est plus forte ou plus étendue avec tous les deux qu'avec un seul, d'un treizième ou d'un douzième. Un peu plus d'inégalité rend les objets, quand ils sont vus des deux yeux, un peu moins distincts que quand ils sont vus du seul œil le plus fort. Enfin, une plus grande inégalité rend la vision des deux yeux si confuse, que pour apercevoir distinctement les objets, on est obligé de détourner l'œil faible, et de le mettre dans une situation où il ne puisse pas nuire.

Qu'on suppose une inégalité de force entre les deux yeux, et que, de l'œil le plus fort, les limites de la vue distincte, soient pour la lecture, par exemple, huit pouces et vingt pouces, et conséquemment l'étendue de cette vue distincte douze pouces, c'est-à-dire qu'en deçà et au-delà de ces deux distances, la vision soit trop confuse, l'inégalité entre les deux yeux doit être de $\frac{1}{10}$ au plus, pour que les deux yeux puissent ordinairement concourir à la vision. Si l'inégalité est plus grande, on est obligé de détourner l'œil le plus faible, pour ne se servir que du bon œil. Le degré d'inégalité de force entre les deux yeux, au-delà duquel le strabisme a nécessairement lieu, est toujours $\frac{1}{10}$ pour toutes les vues dont les intervalles sont proportionnés à celui du cas qui vient d'être supposé. Mais si l'intervalle de la vue distincte est plus grand des deux côtés, les yeux étant toujours supposés inégaux en force; et si, par exemple, au lieu de voir distinctement de l'œil le plus fort, depuis 6 pouces jusqu'à 15, ou depuis 8 jusqu'à 20, ou depuis 10 jusqu'à 25, ou, etc., la vue distincte s'étend depuis 4 p. et $\frac{1}{2}$ jusqu'à 18, ou depuis 6 pouces jusqu'à 24, ou depuis 7 p. et $\frac{1}{2}$ jusqu'à 30, ou, etc., il faut un plus grand degré d'inégalité de force, pour que l'œil le plus faible se détourne, et que le strabisme ait lieu : il faudra pour tous ces cas une inégalité de $\frac{1}{8}$. Buffon trouve l'occasion d'observer que les enfans ne voient pas de si loin, à beaucoup près, que les adultes; tandis que, proportion gardée, ils peuvent voir distinctement d'aussi près, de sorte que l'intervalle absolu de la vue distincte augmente à mesure que nous avançons en âge. Par cette raison, et indépendamment de quelques autres, les enfans sont donc plus disposés à être louches que les adultes, puisque, s'il ne faut que $\frac{1}{10}$, ou même moins d'inégalité de force dans les yeux pour rendre louche, lorsqu'il n'y a qu'un petit intervalle de vue distincte, il faut une plus grande inégalité, comme $\frac{3}{8}$ ou davantage, quand l'intervalle absolu de vue distincte est augmenté.

C'est cette dernière remarque qui me frappa, en relisant dernièrement l'article de Buffon sur le strabisme. Si l'homme adulte, me suis-je dit, est moins exposé que l'enfant à avoir la vue louche, par inégalité de force entre les deux yeux, parce qu'il faudrait que cette inégalité existât à un haut degré, ne semble-t-il pas que chez un adulte affecté de strabisme dès son enfance, même par un vice congénial dans la force des yeux, des tentatives de guérison peuvent être plus efficaces que chez un enfant? Je ne me suis pas trompé dans ma conjecture.

Quelqu'un, au sort et au bien-être de qui je prends le plus vif intérêt, et qui est maintenant dans sa trente-cinquième année, était louche de l'œil droit dès sa plus tendre enfance. Ce strabisme tenait-il à une différence originelle dans la force des yeux? ou était-il le résultat d'une habitude vicieuse contractée dans l'âge tendre? Je l'ignore absolument; et rien, comme bien on le pense, ne peut fixer mon incertitude. Je présume cependant la seconde cause plutôt que la première, et voici sur quoi je me fonde. Les moyens qui ont été employés pour guérir le strabisme, ont réussi avec une promptitude qui a dépassé mon espérance : il semble qu'il n'en eût pas été ainsi si la faiblesse de l'un des yeux avait été congéniale ; du moins la raison veut qu'il y ait plus d'obstacles au rétablissement de l'équilibre ou de l'harmonie d'action entre les deux yeux, quand l'inégalité de force est innée, que lorsqu'elle est accidentelle ou acquise. D'un autre côté, sans avoir cette portée extraordinaire qu'on remarque chez quelques sujets, et qu'on peut dire être plus préjudiciable qu'utile, parce qu'elle dispose à la presbytie dans un âge même peu avancé, la vue était bonne chez l'individu actuellement guéri du strabisme : cette seconde circonstance fait encore présumer que le strabisme était plutôt accidentel que dépendant d'une disposition innée ; puisque, comme je l'ai rappelé d'après Buffon, le strabisme s'établit d'autant plus difficilement par l'inégalité de force des yeux, que la vue distincte est plus étendue ; d'autant plus facilement, au contraire, que cette vue distincte est plus bornée. De là vient que le strabisme coïncide fréquemment avec la myopie ; ou que beaucoup d'individus sont en même temps myopes et strabiques ; parce qu'en raison du peu d'étendue de la vue distincte dans la myopie, il ne faut pas une grande inégalité de force entre les deux yeux, pour que le strabisme ait lieu.

Vraisemblablement donc le strabisme dont j'ai obtenu la guérison sur un sujet adulte, était accidentel, c'est-à-dire, dépendant d'une habitude vicieuse contractée dans l'enfance; l'inégalité de force entre les deux yeux était consécutive, selon toute apparence. Quoique cette inégalité de force ne fût pas très-grande, le strabisme était presque continuel, et surtout très-marqué quand il fallait que la vue s'exerçât sur des objets placés à une distance peu considérable. Par un effort soutenu de la volonté, il pouvait bien y avoir concurrence des axes optiques vers les mêmes objets, et cessation momentanée du strabisme; mais alors la vision était confuse par le défaut d'harmonie des deux impressions.

Pour quelqu'un qui exerce l'une de ces professions qui mettent en rapport immédiat avec les personnes du monde, dans lesquelles le succès dépend principalement de la confiance publique, et n'est que préparé par le mérite, le strabisme n'est pas seulement un désagrément physique : une telle difformité peut être préjudiciable ; elle peut servir à aiguiser les traits de l'envie. C'est le cas où se trouvait l'individu qui est le sujet de mon observation. Mais peut-être cela a-t-il été pour lui une raison de se livrer avec plus d'opiniâtreté au travail, et de s'efforcer de paraître avec quelqu'avantage dans la carrière qu'il suit. Quoi qu'il en soit, poursuivi sans cesse par l'idée qu'un tel défaut physique pouvait lui être nuisible, incessamment aussi tourmenté du désir d'en être affranchi ; instruit d'ailleurs, autant qu'on peut l'être, sur les causes du strabisme, et sur les moyens par lesquels on peut essayer de rétablir l'harmonie d'action entre les deux yeux, il avait à plusieurs reprises, mais toujours inutilement, mis en usage ces divers moyens. Vingt fois, par exemple, il lui était arrivé de se mettre au travail, en s'efforçant de faire concourir les deux yeux sur les objets soumis au sens de la vue, ou en couvrant l'œil gauche, le plus fort, pour le soustraire à l'impression de la lumière, et pour exercer exclusivement l'œil droit, qui était le plus foible ; mais chaque fois, et après peu d'instans même, il avait eté obligé de renoncer à son projet. Non-seulement il n'éprouvait, par chacune de ces deux manières d'exercer sa vue, que des impressions confuses ; il ressentait encore une fatigue d'esprit qui bientôt devenait insupportable, et l'obligeait à abandonner son projet, avec la double peine d'avoir fait une tentative inutile, et d'avoir consacré quelque temps au travail sans aucun fruit. Soit donc qu'il voulût lire ou écrire, soit qu'il fixât ses regards sur d'autres objets, et surtout sur des objets peu éloignés, et qui demandaient à être vus avec précision, le strabisme était pour lui une chose indispensable. Sachant qu'il attachait un grand prix à être délivré de cette difformité, je lui fis part de l'idée qui m'était venue à l'esprit, en lisant Buffon ; et je n'eus pas de peine à le persuader que jusqu'alors ses tentatives avaient été infructueuses, peut-être parce qu'elles n'avaient pas été assez prolongées, ou parce que sa vue n'avait point encore acquis cette étendue qui rend possible la guérison du strabisme. Il a consenti à faire de nouveaux essais, avec la résolution d'y insister, de supporter cette fatigue d'esprit qu'il avait éprouvée si constamment dans les tentatives précédentes auxquelles il s'était livré, et décidé à faire le sacrifice de plusieurs jours d'un travail inutile, pour acquérir la certitude de l'incurabilité de son état, ou pour être affranchi de son incommodité. Les moyens qu'il mit en usage ne furent pas différens de ceux qu'il avait déjà employés, et dont je parlais il n'y a qu'un moment. C'est la nuit qu'il consacra à s'exercer, pendant plusieurs heures de suite, à lire, à écrire alternativement avec l'œil droit seulement, le gauche étant couvert, et avec les deux yeux, en s'efforçant de faire coïncider les deux axes optiques vers le même point: D'abord, même confusion dans l'image des objets, que celle qui avait eu lieu précédemment; même sentiment intérieur de fatigue. Cependant ces deux effets d'une manière insolite d'exercer le sens de la vue, commencèrent à s'affoiblir; et quelques jours ont suffi pour que l'œil droit acquît ainsi par l'exercice une force égale à celle de l'œil gauche, pour qu'il pût en suivre les mouvemens, et pour qu'il existât entre ces deux organes une parfaite harmonie d'action. L'individu dont j'ai parlé cessa donc dès ce moment d'avoir la vue louche, et il lui fut impossible de faire que les deux yeux n'agissent pas de concert en toute circonstance. La physionomie a pris une toute autre expression que celle qu'elle avait.

Déjà quatre mois se sont écoulés depuis l'époque à laquelle ces premiers changemens ont eu lieu : le temps a confirmé la guérison, et je ne vois pas ce qui pourrait actuellement faire cesser l'égalité de force des deux yeux, et rompre l'harmonie rétablie dans les muscles destinés à leurs mouvemens. Comme le strabisme n'avait été déterminé, et n'était entretenu par aucun vice dans la conformation des yeux, rien n'indique, rien ne peut faire présumer de quel côté la vue était louche : c'est une chose que se rappellent seulement les personnes qui connaissaient avant sa guérison le sujet de mon observation. Revenu maintenant de l'espèce de surprise que lui avait causée une guérison aussi inattendue, il peut analyser les changemens que sa vue a éprouvé ; et voici ceux dont chaque jour et à chaque instant il constate la réalité. Il n'y a plus aucune différence dans la force de chacun des yeux, agissant isolément : celle des deux yeux agissant ensemble est plus grande que ne l'était celle de l'œil gauche qui était le plus fort : en conséquence, la portée de la vue, ou l'intervalle du point de vue distincte, est augmentée ; elle l'est même, ou paraît l'être dans un rapport plus grand que celui qu'on dit exister chez le commun des hommes entre la force d'un seul œil, et cela des deux yeux concourant ensemble à la vision, c'est à-dire de plus de $\frac{1}{13}$, ou $\frac{1}{12}$. Ainsi l'individu dont il s'agit, lit, écrit, ou exerce sa vue de tout autre manière, à une plus grande distance qu'il ne pouvait le faire autrefois. Outre cela, les objets lui paraissent dans une plus grande clarté, et surtout très-nettement dessinés, ou circonscrits, tandis qu'il les voyait environnés d'une sorte de pénombre : il les voit aussi dans un état de fixité plus grande, ou de plus parfaite immobilité ; tous changemens qui après avoir causé la surprise, sont devenus pour celui qui en jouit une source de satisfaction, que l'habitude n'a point encore affaiblie (1).

(1) Lorsque je rédigeai l'Observation qu'on vient de lire, pour la communiquer à une Société savante, de tous les membres de laquelle je reçois chaque jour tant de marques d'estime et de bienveillance, j'avais cru devoir taire le nom de la personne qui, en suivant mes conseils, a été si heureusement guérie de sa difformité. Je persistai dans ma résolution, lorsque la même Société fit insérer cette Observation dans son Recueil périodique. Ce secret toutefois n'en fut pas long-temps un pour les personnes qui me connaissaient particulièrement. On sut bientôt qu'au lieu d'être seulement l'observateur, j'étais moi-même le sujet de l'Observation. En le disant ici, je donne à la relation d'un fait qui me semble des plus curieux, tout le caractère de vérité que doivent avoir des observations de médecine ou de chirurgie, et surtout des observations rares.

FIN.

www.ingramcontent.com/pod-product-compliance
Ingram Content Group UK Ltd.
Pitfield, Milton Keynes, MK11 3LW, UK
UKHW020358230726
13925UKWH00003B/1175

9 782014 114300